除了美鈔 你該知道的 富蘭克林

Benjamin Franklin

印刷工、科學家、外交官、政治家……

只有你想不到，沒有他做不到！

潘于真 —— 著

史上最偉大的美國人

◆科學發明◆改革郵政◆創辦學校

◆政治外交◆印刷技術◆高尚品德

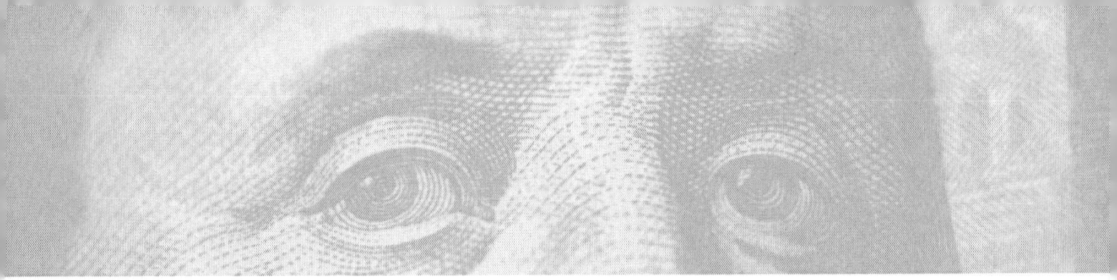

目錄

目錄

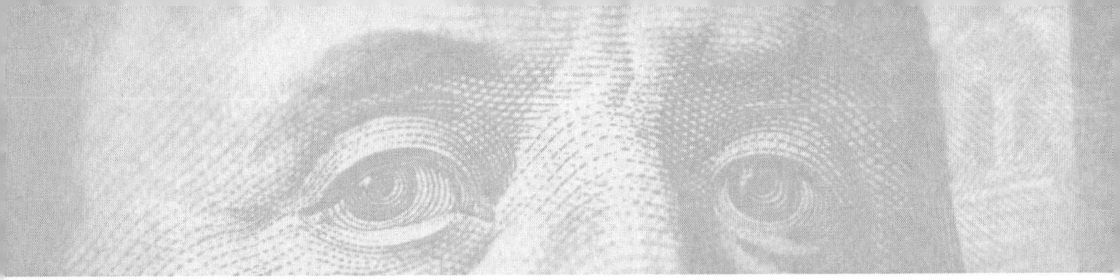

目錄

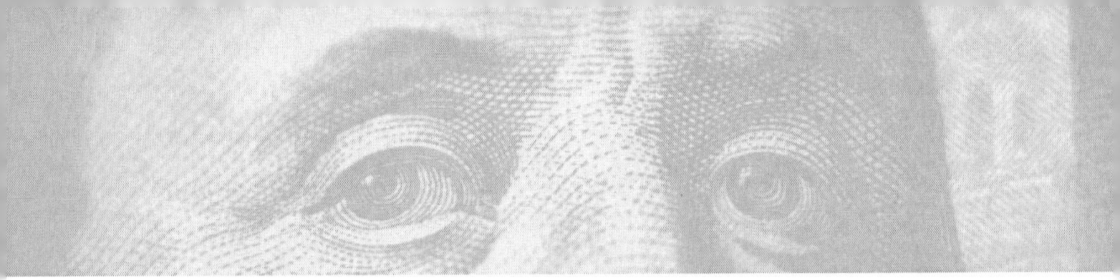

目錄

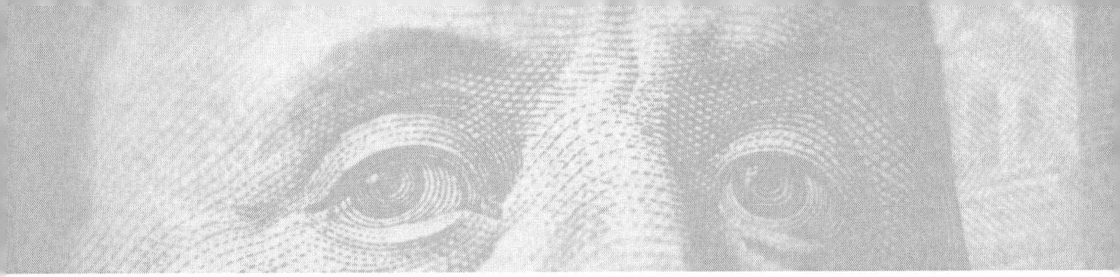

第十九章 和平的使者

第二十章　老當益壯

目錄

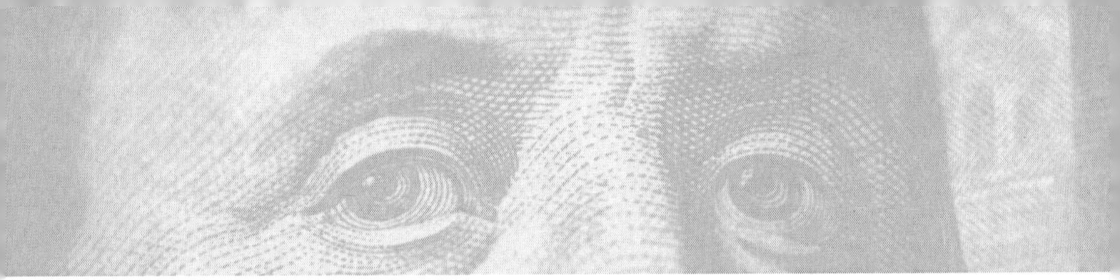

序

班傑明·富蘭克林（西元一七〇六到一七九〇年）出生於美國麻省波士頓，是美國傑出的民主主義思想家、政治家，開國元勛之一，被譽為「民族之父」；同時，他還是享譽世界的科學家和出類拔萃的外交家，深受美國和世界人民的崇敬與愛戴。作為科學家，他因電學發現和理論成為美國啟蒙時代和物理學史上重要人物。作為發明家，他因避雷針、雙目眼鏡、富蘭克林壁爐等聞名。他創立了許多民間組織，包括費城消防站和賓州大學。

富蘭克林喜歡觀察自然現象，研究科學問題。他從實踐出發，從事各種科學實驗和觀察，在電學上解答了「電為何物」的問題，成為電氣科學的先驅，為電荷守恆定律的發展奠定了理論基礎；在大氣電學方面，他還揭示了雷電現象的本質，被譽為「第二個普羅米修斯」。這些在電學上取得劃時代的研究成果使他成為蜚聲世界的一流科學家。

序

成名之後，富蘭克林還在北美殖民地的文化傳播和社會福利方面做了許多工作，先後創建了「共讀社」、「美洲哲學學會」、「北美科學促進會」、報社、圖書館、醫院、大學、消防隊、地方民兵組織等學術、文化、醫療衛生、消防、治安組織和機構，並改革了北美殖民地的郵政制度，建立起北美殖民地統一的郵政系統。

更為重要的是，富蘭克林還是一位獻身於人類進步事業的正義戰士。早年，他致力於反對殖民地的專橫統治，為北美人民爭取正當的權益而鬥爭；獨立戰爭爆發後，他代表美國出使歐洲，締結英法聯盟，為爭取民族獨立自由的偉大事業鞠躬盡瘁，對美國獨立戰爭的勝利和美國國家制度的初期建設作出了重大的貢獻。

一七九零年四月十七日，富蘭克林與世長辭，美國國會決定為其服喪一個月，法國國民議會也決議為他哀悼。這充分表明：富蘭克林不僅屬於美國，也屬於全世界。

本書從富蘭克林的兒時生活開始寫起，一直追溯到他所從事的偉大事業及在科學上所取得的輝煌成就，再現了這位美利堅「民族之父」不平凡

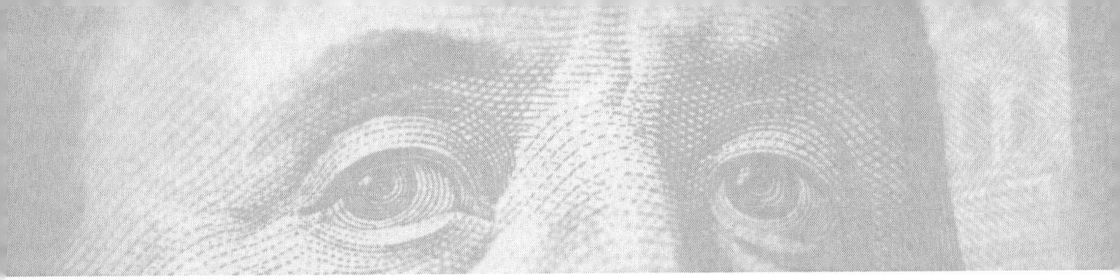

的一生，讓讀者更加瞭解這位偉大政治家、科學家坎坷輝煌的人生經歷，學習他勤奮、堅定、正義及勇於為人類解放事業奉獻終身的崇高精神。

第一章　出身寒微的少年

懶惰就像生鏽一樣，比起操勞更能消耗身體；經常用的鑰匙，總是亮閃閃的。

——富蘭克林

第一章　出身寒微的少年

（一）移民波士頓

「富蘭克林」這個姓氏，原本是英國十四五世紀時期非貴族的小土地所有者或自由農階層的稱呼。富蘭克林家在用這個姓氏時，就已經在英格蘭北安普頓郡的愛克頓教區生活了。那時候，這個家族與所有的英國人一樣，歷經了英倫三島的社會宗教、政治變革中的風風雨雨。

富蘭克林家族篤信新教。一五五三年，英國天主教徒瑪麗女王登基，開始殘酷鎮壓新教徒，富蘭克林家族不顧生命危險，堅決反對天主教會制度。這樣一直到查理二世統治的末期，整個家族一直都信奉英國國教。

富蘭克林家族有大約三十英畝的自由領地，另外還以打鐵作為副業，由每一代的長子繼承這一手藝。有籍可考的一代長子湯麥斯·富蘭克林出生於一五九八年，他繼承了富蘭克林家族在愛克頓的祖宅，也繼承了鐵匠這一門生意。

湯麥斯共有四孩子，長子也叫湯麥斯。小湯麥斯雖然身為鐵匠，但天資聰穎，努力上進，後來在本教區的大紳士帕莫先生的鼓勵下，成為當地一名頗有名

（一）移民波士頓

望的書記官，曾從鎮上到郡中發起過許多公益事業，在教區中受到哈利法克斯勛爵的賞識和贊助。

老湯麥斯的次子約翰．富蘭克林是牛津郡班普頓的一名呢絨染匠；第三個兒子名叫班傑明．富蘭克林，曾在倫敦學習染絲綢的手藝；第四個兒子名叫若西亞．富蘭克林，是一名印染師。班傑明和若西亞都曾給兄長約翰當過學徒。在四弟兄當中，班傑明和若西亞的感情最為親密，他們後來還改信非國教，並且終生不變。

若西亞生於一五五五年，沒上過多少學，但善於鑽研，頗有學識。在他身上，人們可以找到許多英格蘭人的優良傳統：勤勞、堅韌、善良、忠誠、辦事有條理、嚴謹守信。若西亞善於思考，在一些重大問題上常常有自己獨到深刻的見解。

不到二十歲，若西亞就娶了年長他三歲的瑪麗為妻。婚後，妻子為他生育了三個孩子。為了擺脫日漸窘迫的生活狀況，也為了能躲避復辟後的斯圖亞特王朝瘋狂的宗教破壞，若西亞將目光由世代相襲的祖居地轉向大洋彼岸的北美

第一章　出身寒微的少年

新大陸。

一六八三年夏末秋初，若西亞帶著妻子和三個孩子漂洋過海，遷居到新英格蘭的波士頓城生活。

波士頓是由首批在此登陸的英國清教徒於一六三零年建立的，因英國林肯郡的波士頓而得名。清教徒在英國國內獲勝後，波士頓與倫敦之間的人員和貿易往來密切，逐漸發展成為英屬北美最大的城市。

波士頓三面環海，與大陸僅以一段不太寬的陸橋相連，是麻薩諸塞州的政治、經濟和文化中心。英國國王詹姆斯二世為了加強對各個殖民地的集中統治，遂將麻薩諸塞、康涅狄格、新罕布希夏和羅德島合併為新英格蘭，並於一六八六年任命安德洛斯為該殖民地的總督。由於總督署設在波士頓，因此這座城市也漸漸百業俱興，面貌煥然一新。

來到波士頓後，若西亞發現自己的染色業生意清淡，難以維持生計，便改行經營肥皂和蠟燭製造業。由於肥皂和蠟燭銷路很廣，利潤也相當可觀，若西亞又頭腦靈活，所以生意也算不錯，不久他就成為這座城市中小有名氣的商人了。

（一）移民波士頓

除了本行以外，若西亞可以稱得上是多才多藝，即使其他行業的工具他也能一看就會。但他最大的長處是深明事理和判斷果決，所以，儘管他店務纏身，沒能擔任過地方上的公職，但家中卻經常有當地的領袖人物前來拜訪，徵詢他對於鎮上和所屬教會事務的見解，一些個人生活遭遇困難的人也非常願意傾聽他的意見和忠告。他還經常被選為爭執雙方的仲裁人。

在家中，若西亞也經常邀請一些朋友或鄰居來做客，與他們討論一些社會話題，並有意地就一些有益的話題展開辯論。透過這些，若西亞的孩子們的智力也獲得了增長，並將注意力轉到處世為人善良、正直上來。

遺憾的是，若西亞賺的錢不少，可無奈家中開銷太大了，以算術級增長的收入很快就會被以幾何級增長的人口吞噬掉了。在來到波士頓後，若西亞的妻子瑪麗又生了四個孩子，但其中的兩個兒子都未能活過半個月。更加不幸的是，瑪麗在生下第七個孩子後，因為產後感染而撒手人寰。

半年後，若西亞又迎娶了二十二歲的艾比亞．富爾為繼室。

艾比亞．富爾的父親彼得．富爾是新英格蘭最早的移民之一，在波士頓是一

第一章　出身寒微的少年

位很有名氣的教師和土地測量員。在良好家庭環境下成長起來的艾比亞也是一位富有教養的女性。她賢惠善良，深明事理，性格堅毅。在與若西亞結婚後，她就成了丈夫的賢內助和孩子們的好母親。

再婚後，若西亞與阿拜亞又先後生育了十個孩子。班傑明．富蘭克林是他們最小的一個孩子。

（二）誕生

一七零六年一月十七日，隨著一聲清脆的哭聲，若西亞家中的第十五個孩子誕生了。這個男孩也是若西亞最小的兒子，他就是班傑明．富蘭克林。

當若西亞喜聞妻子又為他生了一個兒子後，他完全沒有意識到，這個孩子日後將會成為享譽世界、流芳百世的偉人，他只是用他最愛的哥哥的名字為這個可愛的兒子取名為班傑明。

小富蘭克林長得非常漂亮，大大的眼睛，棕黃色的捲髮，一家人都十分喜愛

（二）誕生

他。幾乎還在襁褓之中，母親阿拜亞就開始對富蘭克林進行啟蒙教育。母親那溫柔而充滿深情的話語，給了他最初的人生啟迪；母親那慈愛友善的笑容，鑄就了他仁愛慈善、寬廣博大的胸懷；母親那靈巧勤勞的雙手，賦予了他勤奮努力的意志和秉性。

多年以後，當富蘭克林的回憶母親時，曾無限感慨地說：

「在我的心目中，她永遠都是一位天使。」

富蘭克林不知道父親年輕時是什麼模樣，因為他出生時父親已經年屆五旬。歲月的侵蝕，已經令父親的兩鬢開始斑白，臉上也佈滿了皺紋，但父親性格開朗，充滿了活力和激情，沒有被家庭的繁重拖垮。

在家中，父親既是一家之主，又是孩子們的老師和朋友。由於經濟拮据，他沒有能力為所有的孩子提供上學的機會，但他卻自己摸索出一種獨特的教育方式來教育孩子們，那就是經常邀請一些學識淵博且擅長辭令的朋友來家中聚會交談，交談的內容涉及哲學、宗教、教育等多個方面，孩子們被允許在旁邊傾聽，並可以參與其中，發表意見。若西亞希望透過這種方式，能在一種學術氛圍中陶治孩子們的情操，開發他們的智力。

由於孩子眾多，用餐時便成為家中最熱鬧的時刻。父親若西亞親手製作了一張特大的餐桌擺在房間中央，幾把椅子被冷落在一旁，孩子們在用餐時總是站在餐桌的四周，以便可以伸手搆到距離自己最遙遠的盤子中的食物。一日三餐即便安排得再豐盛，也會被孩子們一掃而光。他們對於食物的味道和品質毫不挑剔，父母也從來用不著為剩餘的食物發霉變質而發愁。

在眾多的兄弟姐妹中，富蘭克林最欽佩的是哥哥喬賽亞——一名在大海上與風浪搏擊的海員；最喜愛的是小妹妹簡，她擁有一雙像綠寶石一樣純潔無暇的大眼睛。但童年時留給他印象最深的，還是父母那美妙動聽的歌聲。父親的歌聲激越深沉，茶餘飯後，他經常會用他那優美的男中音唱讚美詩和古老的英格蘭民歌；母親則會用她那低柔圓潤的嗓音在一旁伴唱。十幾個孩子都坐在一旁，動情地聽著，有時也會輕輕地隨著一起唱，紛紛陶醉在美妙的音樂世界中。

由於是家中最小的男孩，富蘭克林有幸在八歲那年被送到一所法語學校讀書。而此時，他的其他哥哥們都已經早早地當了各種行業的學徒。

（二）誕生

也許是血管中流淌著從祖輩那裡繼承來的好學上進的血液，也許是受到聰穎多思的父母的薰陶，小富蘭克林在學校讀書不到一年，就從一年級的中等生躍為全年級的冠軍，並提前升入了二年級。

這種情形讓若西亞的朋友們紛紛稱讚這個孩子將來一定會成為一名學者。這時，若西亞的哥哥班傑明也來到了波士頓，他認為弟弟為這個聰穎的侄兒選對了人生道路。

可是不久，若西亞就改變了主意，因為家庭的負擔讓他不得不考慮到兒子上學所花費的高昂學費，況且他認為許多受過高等教育的人最終都是窮困潦倒，沒什麼出息。所以猶豫再三，他還是將小富蘭克林轉到了一所寫算學校（相當於高職）就讀。

在那裡，聰明的小富蘭克林練就了一手好字，但算術卻沒什麼進步，考試成績糟糕透頂。有鑑於此，在十歲時，小富蘭克林便被父親帶回家，從此不再上學了，在家中跟隨父親學習剪燭心、澆灌燭模等，並順便照顧店鋪，做做打雜跑街的活計。

(三) 自學

雖然被迫中止學業，但短暫的學校生活已經點燃了富蘭克林那旺盛的求知慾，讀書也成了他人生的第一精神需要。沒有老師的指點，他就自學；白天要幫父親做事，沒有時間，他就晚上店鋪打烊後學習。

這個時期小富蘭克林讀的書種類繁多，涉獵的範圍也很廣泛，既有長老會教的教義，也有從各處蒐集來的小冊子和通俗讀物，還有一些名家的作品，內容涉及政治、科技、文學、法律、宗教等多個方面，如笛卡爾的《哲學原理》、約瑟夫·艾迪遜的《觀察報》、普魯塔克的《名人傳》、色諾芬的《蘇格拉底回憶錄》等。雖然閱讀時似懂非懂，有些字也認不全，但還是對富蘭克林的思想造成了重大的啟蒙作用，對他的人生坐標定位也產生了深遠的影響。正如他在自己的回憶錄中所說的那樣：這些書籍「對我的思想可能造成了轉折性的作用，影響著我日後生活的某些大事」。

對於精力旺盛又富有求知慾的小富蘭克林來說，白天簡單而枯燥的機械式勞

（三）自學

動與服苦役沒什麼兩樣。他所企盼的，是一種帶有創造性和刺激性的工作。因此，這一時期他又迷上了航海，一心嚮往著自己將來能去航海。

每天一有閒暇，小富蘭克林就與鄰近的小朋友們到水邊玩耍。他很早就學會了游泳和划船，當孩子們一起划小船玩耍時，常常都是他來指揮，在遇到困難時更是如此。

然而，這位小首領的稚氣有時也會將小朋友們帶入窘境。在鎮上有一座水磨，附近有一片鹹水沼澤。當水量比較大時，孩子們就常常站在澤邊釣魚。日子一長，這裡就被踩成一片爛泥地了。

富蘭克林見狀，就向小朋友們提議說，他們可以一起用那些堆在不遠處的石塊來修築一個便於站立的塢台。可是，那些石塊是正用於在澤畔蓋新房的，孩子們也都知道。但是大家正在興頭上，根本不理會這些。等到蓋房工人離去後，孩子們便開始了他們的工程。

孩子們一起把石塊一塊塊地搬過來，搬得汗流浹背，但卻都興致勃勃。最後終於搬光了所有的石塊，建築成自己的釣魚台，然後高高興興地回家了。

第二天一早，工人們過來幹活時發現石塊都不見了，四處尋找，結果發現石塊已經變成了一座釣魚台。

很快，搬走石塊的孩子們都被一個個查出來了，都受到了大人的責罵。富蘭克林向父親辯解說，這是一樁有益的事；可父親卻教訓他說，不誠實的事是不會有益的。這也許是富蘭克林一生中所發起、主持過眾多公益事業中的第一項，它雖然以不體面的失敗告終了，但父親的教訓卻令他受益終生。

不過，看到小兒子心靈手巧，富有創造性和冒險性，若西亞還是感到很欣慰。但看到兒子對大海的那種痴迷，又感到有些擔憂。他擔心小兒子也會像哥哥喬賽亞一樣，一出海便杳無音訊；又擔心他好高騖遠，在不著邊際的幻想中耽誤了前程。於是，他暗下決心，一定要讓兒子學會一些為社會所需的真實本領，不要天天被不切實際的幻想所困擾。

隨後，若西亞便帶著小富蘭克林穿大街走小巷，尋訪了各種木匠、瓦匠、刀匠等行業，觀察他們的技術，以便瞭解兒子心中的職業傾向。經過一番觀察後，若西亞發現小富蘭克林對機械製作比較感興趣，經常自己鑽研製造出一些稀奇古

（三）自學

怪而又充滿智慧的東西。為此，若西亞特地打發小富蘭克林跟隨哥哥班傑明的兒子薩爾多加學過一段制刀業。這些經歷，讓富蘭克林對各種活都能動手做一做，並在家裡做了一些小小的機械實驗。

但若西亞發現，兒子還是最喜歡讀書。從輟學後，他把父親的大部分藏書都閱讀了一遍，並把自己的一點零用錢都用在了買書上。他買的第一部書是分數冊出版的《約翰．班揚集》，其中的《天路歷程》是他最喜歡的一本書。後來，他又買了柏頓的歷史文集。他還閱讀了笛福的《計劃論》、科頓．馬德的《為善論》等。

為了不辜負兒子喜歡讀書的志向，父親若西亞最終決定讓小富蘭克林做了一名印刷工匠。雖然小富蘭克林一直熱切地希望能去航海，但比起製作肥皂蠟燭來，他畢竟更喜歡印刷業。因而，在抗拒了一段時間後，富蘭克林服從了父親的安排，到哥哥詹姆斯的印刷廠裡當起了一名學徒工。

第一章　出身寒微的少年

第二章　無名的印刷工

我未曾見過一個早起、勤奮、謹慎、誠實的人抱怨命運不好；良好的品格，優良的習慣，堅強的意志，是不會被假設所謂的命運擊敗的。

——富蘭克林

（一）印刷事業

詹姆斯比富蘭克林大九歲，早年曾在倫敦學習印刷技術，學成後購買了印刷機和鉛字返回到波士頓，開起了一家印刷廠。

富蘭克林遵從父親的決定，並且還按照當時的慣例與哥哥簽訂了正式的師徒合約，由父親作為公證人。合約規定，富蘭克林自簽約之日起，便以學徒的身分跟隨哥哥學習印刷技術，並為詹姆斯的印刷廠服務，直至年滿二十一週歲為止。在學徒期間，他必須忠實地服從師傅，保守其祕密，執行其命令，並且不得酗酒、賭博、締結婚約等，所有言行都要忠實於師傅。同時，師傅應指導學徒學好技術，向學徒提供飲食、住宿及其他生活必需品。約賽亞還為小富蘭克林交納了十英鎊的學費，母親則花了幾個晚上為他縫製了嶄新的工作服——一件褐色的皮圍裙。

就這樣，一紙契約將兄弟二人的關係變成了師徒。這位未來共和國的締造者，從十二歲起就開始了自食其力的生活。

（一）印刷事業

詹姆斯是個事業心和責任感都很強烈的人。他以師傅的身分嚴格管教約束自己的這個聰明的小弟弟，其嚴厲程度近於苛刻。不過，學習印刷技術對富蘭克林來說並不難，他很快就精通了鉛字排版、油墨印刷和裝訂切裁等基本工藝，還不斷自己鑽研思考，對設備和工藝等進行改造。

當時，僅有一點二萬人的波士頓已經有幾家印刷廠了，所以開始時詹姆斯的生意並不太好做，他只能印一些宗教宣傳品和為數不多的教科書等。

到一七一九年，詹姆斯攬到了印刷《波士頓郵報》的業務，前後一共印過四十期。後來從一七二一年八月起，他又辦起了自己的報紙《新英格蘭報》，印刷業務也開始穩步發展起來。這時，心靈手巧的富蘭克林已經掌握了印刷技術，成為哥哥的得力幫手。

不過，在學習印刷技術的同時，富蘭克林也沒有荒廢自己的學習。十三四歲正是充滿詩情畫意的年齡，熱愛文學的富蘭克林又迷上了詩歌，夢想自己長大後可以成為一名大詩人。因此在工作之餘，他開始冥思苦想，用稚嫩的語言寫出了一些自以為很不錯的詩句，還拿給伯父班傑明看。班傑明對富蘭克林的詩句大加讚賞，還把自己以前寫的詩作手稿送給富蘭克林。

但父親約賽亞卻不贊成富蘭克林寫這些「沒用的東西」。他告誡富蘭克林說：

「詩歌需要鮮明的節奏、和諧的韻律以及美妙的意境，沒有深厚的生活底蘊，寫出來的東西不是譁眾取寵，就是無病呻吟。」

所以，約賽亞勸兒子放棄做詩人的打算。在父親的點撥下，富蘭克林的創作衝動便轉向了散文。散文題材廣泛，形式靈活，是一種十分實用的文體，一些著名的作家都是從散文開始起步的。富蘭克林又開始不間斷地進行散文習作，用一種純樸自然的文風將自己的思想感情付諸於筆端。

日後，富蘭克林成長為一名著名的文學家和社會學家，在一定程度上與他那措辭優美、邏輯嚴密而又活潑流暢的文筆有很大的關係。多年後，他在自己的自傳中承認：

「散文創作在我的一生起著極大的作用，它是推進我進步的最基本的方法。」

（二）哈佛學院之夢

在當時，星期天是大家進教堂做禮拜的日子。對這規矩，約賽亞一家一直都嚴格遵守。但哥哥詹姆斯除了在工作上對富蘭克林管得嚴厲之外，對祈禱之事並不怎麼上心。於是，每個星期天就成了富蘭克林盡情讀書的日子。

由於受新興宗教觀的影響，再加上他的特殊生活方式，富蘭克林漸漸成為一名自然神論者。也就是說，他承認上帝的存在，以及上帝創造萬物和人類的決定性作用；但他認為，世界既然已被造就，上帝就不再干預自然進程和人類行為了，人類及宇宙萬物也應自行按照自然法則運行。

事實上，富蘭克林這種觀點就是一種隱蔽的無神論，是當時新興資產階級進步的宗教觀。對於這種觀念，約賽亞是難以容忍的。但等他發現後，對兒子已經感到無能為力了。

其實，富蘭克林並不是反對做禮拜，而是更相信自己的悟性。他希望透過讀書和思考，可以更加深入地瞭解世界，探索人生。因此，他也抓緊一切時間鍥而不捨地學習。

在艱苦的自學中，富蘭克林不僅掌握了在學校期間沒有學好的數學，還自學了法語、西班牙語、拉丁語、義大利語等。更重要的是，透過閱讀，他開闊了視野，增長了才幹，並在此基礎上逐漸確立了自己的人生奮鬥目標，那就是做一個善良正直的人，成就一番對大眾有益的事業。

在哥哥詹姆斯的《新英格蘭報》辦起來之後，富蘭克林便躍躍欲試。他的內心充滿了創作的激情，想自己寫一些散文發表到報紙上，可又擔心遭到哥哥的拒絕。於是，他想來想去，想出了一個萬全之策。

一七二二年四月二日，《新英格蘭報》上刊登了一篇署名為「沉默的多古德」的散文。這篇文章向讀者講述了一個名叫多古德的人坎坷的人生經歷：

她出生在一艘來自新英格蘭的船上，父親死於航行的途中，全靠母親艱難地將她養大。後來，她跟隨一名善良博學的牧師學習寫作、計算和縫紉技術，又與這位恩人結為眷屬。但不幸的是，在生下三個孩子後，多古德又成了寡婦。

這篇散文構思精巧，文筆流暢，宛若一首淒婉動人的抒情詩，在平鋪直敘之中向讀者展示了世間的許多美好的品德。

作者還透過該文的主角多古德說出了一段發人深省的話：

我仇恨罪惡，以美德為友；我主張博愛，寬恕個人的偽善。我真誠地熱愛丈夫和所有的人，與專制政府和集權為敵。……為了將來，我要掃除一切阻礙我為同胞效力的障礙。

文中多古德夫人的命運招致了讀者普遍的關注和討論，尤其是那段震撼人心的話語更是引起了廣大讀者的強烈共鳴。人們相互傳閱，以先睹為快。哥哥詹姆斯和朋友們也都對多古德的文章大加讚賞，這不僅因為文章的內容具有深刻的社會意義，更因為文章的成功增加了報紙的銷量，為印刷廠帶來了經濟上的實惠。

但是，他們並不知道多古德這個人到底是誰，因為當時許多撰稿者都用筆名，而且這篇文章又是從門縫中悄悄塞到印刷廠裡來的。顯然，多古德肯定是不希望人們知道他的真實身分。

此後，這樣的事情發生了許多次，署名為「沉默的多古德」的稿件也都被一一採用了，刊登在《新英格蘭報》上。最後，直到《哈佛學院之夢》一文發表後，多

（二）哈佛學院之夢

古德的真實身分才被揭穿。這是因為其中的一段話引起了詹姆斯的注意，這段話是這樣寫的：

貧窮和財富把守著學院的大門，「學問」坐在一個高高的寶座之上，只有一步步透過艱難的台階，才能最終到達那裡。無數人倚仗父母的錢財和權勢架橋鋪路，艱難地踏入了「學問」的盛典，最終學會了「如何保持自己的優雅姿勢和紳士派頭」，然後「仍然像個傻瓜一樣原路返回，變得更加狂妄自大，自命不凡」。

這是伊索筆下吃不到葡萄的狐狸的感受，實在與多古德的寡婦身分不相符。這分明就是富蘭克林對不能進入高等學府所表露出來的憤怒和遺憾，也是對那些缺乏真才實學卻徒有虛名的「學者們」的一種嘲諷和抗議。

詹姆斯終於發現了祕密所在，他馬上找到富蘭克林質問。在哥哥的嚴厲逼問之下，富蘭克林終於吐露了實情——「沉默的多古德」就是自己。

詹姆斯認為自己受到了富蘭克林的欺騙和愚弄，因此惱羞成怒，甚至動手打了富蘭克林。但富蘭克林從小就養成了一種不屈不撓、頑強堅毅的性格，從不向任何暴力和強權低頭。他不認為自己這樣做有什麼錯，因此這點皮肉之苦是不能熄滅他內心那種追求正義和真理的希望之火的；相反，這種刺激反而更加激勵他勇往直前，與專橫愚昧、暴虐偏見作鬥爭的勇氣。

（三）離家

《新英格蘭報》自從一七二一年八月七日創刊以來，刊登的通常都是一些思想激進的文章。這些文章對世事尖刻的批評和嘲諷使廣大民眾都紛紛拍手稱快，但卻激怒了當地的權勢階層，引起了地方當局的注意。

一七二二年六月十一日，《新英格蘭報》刊登了一篇虛構的從新港寄出的信，信中稱有人看到海盜在那一帶海域出沒。文章刊出後，麻薩諸塞參事會便以蔑視當局為藉口，下令逮捕了詹姆斯，隨即將他投入到波士頓的石築監獄裡。他們還把富蘭克林抓去嚴加逼問，但富蘭克林不為所動，沒有被淫威嚇倒。不久，他就被釋放了。

一個月後，波伊爾斯頓醫生為詹姆斯出具了健康證明，稱詹姆斯的健康因監禁受到了損害。這樣，被疾病纏身、形銷骨立的詹姆才被釋放出來。

在哥哥詹姆斯被關押的一個多月中，富蘭克林獨自繼續出版《新英格蘭報》。而且，哥哥的入獄也讓富蘭克林進一步看清了專制暴政的醜惡嘴臉，也更加堅定了他為民主自由而鬥爭的決心。

在這段日子中，他的第八篇署名為「沉默的多古德」的文章標題為《一篇倫敦雜誌的摘要》，文中也寫出了他的心聲：

沒有思想的自由，就沒有智慧；而沒有公眾自由，就沒有言論自由。這是每個人的權利。正是由於這種權利，才不能損害或控制他人的這一權利……誰要顛覆一個國家的自由，必先壓制言論自由。

……一段日子以來，我有這樣一個問題：對一個州來說，危害更多的是虛偽地聲稱忠實於宗教還是公開地褻瀆神聖。但是，最近的一些這種性質的思想讓我傾向於認為兩者中偽君子更為危險，尤其是如果這個人還占據著政府的職位的話。……如果在新英格蘭我們有了或像是有了這樣的例子，我們只有這樣做才能最好地證明我們對宗教和國家的愛，那就是：把騙子們暴露在光天化日之下，使受騙者醒悟過來！

很顯然，富蘭克林在透過這樣的方式極力支持自己的哥哥。詹姆斯出獄後，並沒有改變初衷，《新英格蘭報》在輿論界獨樹一幟的面貌依然如故。一七二三年一月十四日，報上發表了一篇更加嚴厲的文章，其中寫道：「有不少人看上去比一般人更信宗教，但在幾件事情中卻比那些聲稱一點也不信教的人惡劣得多。」

這一下又捅了馬蜂窩，麻薩諸塞參事會再也不能容忍詹姆斯的報紙了。他們馬上下令「禁止詹姆斯·富蘭克林繼續出版《新英格蘭報》或其他任何此類性質的文件或小冊子，除非事先經過本州祕書的檢查和同意」。

在這種嚴峻的形勢下，詹姆斯和朋友們舉行了一次會議，商討下一步應該怎麼辦。最後經過協商，大家認為可以以班傑明·富蘭克林的名義繼續把報紙辦下去。為此，他們還商定將當初簽訂的師徒合約還給富蘭克林，並解除合約規定的一切業務，以便不引起州議會的非難，指責詹姆斯仍在透過自己的學徒辦報。同時，為保障詹姆斯作為實際老闆和師傅的權益，雙方又另外簽訂一份新的合約，但這份合約不予公開。

就這樣，《新英格蘭報》開始以小富蘭克林的名義繼續發行。這一時期，富蘭克林主編的《新英格蘭報》辦得十分出色，在波士頓街頭成了搶手的報紙，供不應求。

然而，兩兄弟在與殖民當局作鬥爭時心心相印，在日常工作和生活中性格卻是格格不入。現在又牽扯到利益，積怨和矛盾也日漸加深，最終達到不能相容的地步。

富蘭克林想趁新契約簽訂之時擺脫哥哥的控制，另謀出路，但詹姆斯卻一直視弟弟為普通學徒，應當像其他學徒一樣為自己服務。因此他多方遊說，致使小富蘭克林在外面求職無門。

在以後的幾個月裡，富蘭克林經常利用舊合約已作廢的事實來維護自己的自由和權益，這更加激怒了詹姆斯。對此，富蘭克林在多年後也承認自己當時利用哥哥的不利處境來擺脫自己的學徒身分是「趁火打劫」，但這種做法始於哥哥對自己的苛酷。他說：

（三）離家

「我想，哥哥對我的粗暴專橫也許是另我在後來的一生中對獨斷專橫的強權懷有強烈反感的原因之一。」

富蘭克林感到自己在波士頓已經待不下去了，決定到外面的世界闖蕩一番。他打聽到三百英里以外的紐約有一家印刷廠，便想到那裡去看看。但公開離開波士頓是不行的，因為在富蘭克林提前離開哥哥的印刷廠這件事上，父親肯定是維護哥哥的權益的，所以也必然會阻止他離開。要走的話，他只能偷偷地走。

富蘭克林與好友柯林斯說了自己的打算，柯林斯很支持他，並幫他找了一隻前往紐約的帆船。柯林斯告訴船長說，他的一個朋友因為令一個不正經的女孩懷了孕，女孩的親友逼著他們結婚，所以他的朋友不能明目張膽地上船離開此地。船長是個很好說話的人，他答應可以讓富蘭克林悄悄地上船。

就這樣，十七歲的富蘭克林揣著變賣了一部分書籍湊到的一點錢，於一七二三年九月底離開了波士頓。三天後，他到達了紐約。

第二章　無名的印刷工

第三章　外出闖蕩世界

我們在享受著他人的發明給我們帶來的巨大益處，我們也必須樂於用自己的發明去為他人服務。

——富蘭克林

（一）紐約

紐約州位於哈德遜河的河口地帶，是新大陸最早開發的中心地區。一六六四年，英國人占領了這裡，並以英格蘭的約克郡重新命名，按當時的習慣被稱為「新約克」，即紐約（New York）。

紐約城裡的居民大部分是來自荷蘭、英國、法國和芬蘭等歐洲國家的移民，因此各種民俗風情十分豐富。富蘭克林剛剛來到紐約，一切都感到那麼陌生。為了儘快找到工作，他徑自去了問好的那家印刷廠，找到那裡的老闆威廉·布拉德福德。

布拉德福德原本是賓夕法尼亞州第一家印刷廠的老闆。幾年前，他將那裡的店鋪留給兒子經營，自己來到紐約又開了一家印刷廠。

在聽說富蘭克林的來意後，布拉德福德稱他這裡的生意不多，人手也已經足夠了，因此不能再僱用富蘭克林了。但他表示，他的兒子安德烈在費城的印刷廠需要一個得力的幫手。如果富蘭克林願意去費城的話，安德烈也許會願意僱用他。

布拉德福德的話讓富蘭克林再次燃起了新的希望。隨即，富蘭克林便離開紐約，前往距離紐約一百英里外的費城。

從小到大，富蘭克林都對大海充滿了嚮往，然而這次赴費城的海上之旅卻讓他嘗盡了苦頭。在航行中，富蘭克林乘坐的船遭遇了大風暴。在驚濤駭浪之中，航船就像是一隻紙做的玩具一樣，在海浪的拍擊下忽高忽低。頭暈、噁心、嘔吐，以及從未有過的恐懼感，讓富蘭克林痛苦萬分。

忽然，一個巨浪撲來，將航船一下子拋向礁石，船身在轟然巨響中被撞得七零八落，富蘭克林和其他十幾名乘客拚死爬上礁石才倖免遇難。

大家都眼巴巴地望著海面，希望能有船隻來搭救他們。可礁石的周圍全是荒漠，很難看到人煙。而且還沒有淡水，沒有食物，大家的內心都被死亡的恐懼籠罩著。

幸運的是，富蘭克林從一位乘客那裡發現一本約翰·班揚的《天路歷程》。這本書竟然成了他在孤島上排除恐懼和饑餓的一劑良藥，陪伴著他度過了人生中的一個艱難時刻。

兩天後，一艘過路的商船發現並搭救了他們，並將他們送到安柏伊。富蘭克林不顧旅途的勞頓，又冒著瓢潑大雨趕往伯靈頓，據說在那裡有船可以搭乘去費城。

到了中午，渾身濕透、疲憊不堪的富蘭克林終於到了伯靈頓，暫時找了一家小旅店住了下來。由於外表狼狽不堪，他甚至被人們懷疑是私自逃出來的傭僕。

第二天，富蘭克林趕到距伯林頓八英里的地方，準備在那裡乘船。當晚，他又找到一家客棧住下。這家客棧的主人是布朗醫生。他在與富蘭克林聊天時，稱歐洲許多國家的主要城鎮都不大信教。他見富蘭克林讀過一些書，對富蘭克林更加友好客氣。自此，兩個人便成為忘年交，一直到布朗醫生去世。

在伯靈頓，富蘭克林乘船順河西下，終於在一個星期日的早晨到達了費城。

（二）初戀

一路的風塵僕僕讓原本長相俊秀的富蘭克林變成了一個邋遢漢：身體瘦弱，衣衫襤褸，還沾滿了汙垢，面容憔悴骯髒，就連那雙原本明亮的眼睛也蒙上了一層紅紅的血絲。

這時，他的行李袋已經託付給郵局寄送了，什麼時候收到還不知道，所以也沒有乾淨的衣服可以換。不過，眼下最要急的不是整理儀容，而是填飽他那饑腸轆轆的肚子。

由於地域不同，物價自然也不同，富蘭克林拿出三個便士去買麵包，結果店主卻塞給他三個像十六開本的書那麼大的長麵包，讓他驚訝不已。因為這點錢在波士頓只夠買一小塊薄餅的。

富蘭克林風捲殘雲一般地吞下一個大麵包，頓時感到口渴難耐，於是只好鼓起勇氣敲開了麵包店旁邊的一戶人家的大門，想要討一碗水喝。

開門的是一位美麗秀氣的姑娘，穿著紫色的長裙，高高盤起的髮髻簡潔雅緻，幾縷秀髮飄逸在髮鬢兩邊，顯得溫柔端莊。

姑娘被眼前這個形如乞丐的小夥子嚇了一跳，看清「真相」後又忍俊不禁。富蘭克林長這麼大從沒與女孩子有過深交，第一次如此近地面對一位美麗動人的姑娘，自己又這麼狼狽，使他不由得靦腆地低下頭，窘得手足無措。他實在不好意思被姑娘看到自己的這副尊容，匆匆問路後便逃之夭夭了。

富蘭克林跑到路旁那條清澈的小溪旁，用手捧起溪水狂飲了一通，然後又用水洗了洗自己漲紅的臉。

這位令富蘭克林砰然心動的姑娘，就是他以後的初戀情人和終生伴侶黛博拉．里德。

費城是賓夕法尼亞殖民地的首府，這塊殖民地的創始人小威廉．佩恩是戰功卓越的英國海軍上將威廉．佩恩的兒子。一六八一年，復辟王朝君主查理二世簽署特許狀，將這一大片土地贈送給他，以償還欠他父親的一點六萬英鎊款項。

費城是個很美麗的城市，這裡幾乎可以稱得上是林木的海洋，河流兩岸綿延覆蓋著鬱鬱蔥蔥的樹林，林地中有大片綠色如茵的草地，其間盛開著各種各樣美麗的鮮花，可謂草木蒼翠，景色迷人。

不過，富蘭克林此時可沒有心情欣賞這城市中的美景，他想快點找個地方休息一下。這時，他發現街上有許多衣飾整潔的人都在向同一個方向走去，富蘭克林也跟在他們的後面，被帶入了一所教友會信徒的大會堂，然後他又跟著大家一起坐下來。他四下看了看，還沒等到有什麼人說話，便已沉沉地睡去，直到有人好心地叫醒他，才知道散會了。至此，富蘭克林在吃過了他在費城的第一頓飯後，又睡了在費城的第一覺。

離開會堂後，富蘭克林忙向一位面色和善的年輕教友會信徒打聽哪裡有外地人可以住宿的旅店，從而被引到水街的「曲棒」旅店住下。在這裡，他不顧店裡人那充滿狐疑的目光和詢問，兀自吃了一頓飽飽的午餐，然後一直酣睡到第二天清晨。

起來後，富蘭克林精心地梳洗打扮一番，然後便前往安德烈·布拉德福德的印刷廠。幸運的是，他在印刷廠裡同時遇到了布拉德福父子兩人。

原來，威廉·布拉德福已經騎馬從紐約趕到這裡了，因為他非常希望兒子能夠留下富蘭克林這個才華橫溢的年輕人。不過，安德烈並不像他的父親那樣，他的眼睛只盯著有錢有勢的上層人物，對平民百姓總是不屑一顧，因此當富蘭克林來到這裡後，他絲毫沒有流露出要僱用富蘭克林的意思。

這讓富蘭克林有點沮喪，不過他一向討厭與這種市儈小人打交道，因此也暗自慶幸。布拉雷德老人感到很抱歉，他只好領著富蘭克林到附近新開業的凱姆印刷廠試試運氣。

（三）費城生活

凱姆印刷廠的老闆山姆．凱姆是個自命不凡的傢伙，他長著胖胖的身軀，碩大的腦袋，滿臉長滿了大鬍子，邋裡邋遢，不修邊幅。他對自己的工作從沒有滿意過，總是抱怨自己懷才不遇，但他又活得十分樂觀瀟灑，因為他總是沉湎於發財的夢想之中。

到了五十歲後，山姆才想起要幹點實事，於是開了一家印刷廠。儘管他對印

（三）費城生活

刷技術一竅不通，但他卻立下宏願：要與安德烈．布拉德福的印刷廠決一雌雄，獨霸費城的印刷業。

當老布拉德福帶著富蘭克林來到凱姆印刷廠後，山姆讓富蘭克林到機器上操作一下。這對富蘭克林來說簡直是小菜一碟。看到富蘭克林操作熟練，印刷排字更是樣樣精通，山姆非常滿意，感覺這簡直是打著燈籠都難找的好幫手，當即表示願意僱用他，但薪水卻壓得很低。

此時的富蘭克林也沒有太高的要求，只要能讓他有個安身之所，有一份適合自己的工作就可以了。因此，他爽快地就答應了山姆的要求。

在觀察了安德烈和山姆的兩家印刷廠後，富蘭克林發現山姆的印刷設備破舊。在兩位老闆中，安德烈．布拉德福是半路出家從事印刷業，而且教育程度很低；山姆雖然有些學識，但只會排字，不懂印刷。為這樣的老闆工作，富蘭克林對自己的技藝當然是充滿信心。

山姆自己有一所住宅，但裡面是空的，沒有任何家具。為了安置富蘭克林，他便在自己的房東里德先生那裡為富蘭克林找了一間房子暫住。

第三章　外出闖蕩世界

等富蘭克林搬到山姆為他找的房子後，他驚訝地發現：這間房子竟是他初到費城那天啃著麵包經過的那家屋宅，而那天站在門口看到他的狼狽模樣的姑娘，竟然是房東里德先生的女兒里德小姐。當然，富蘭克林的行李已經到了，現在他的儀表也不再像幾天前那麼狼狽不堪了。他這時還無從知曉，這位里德小姐後來竟然成為他的終身伴侶。

就這樣，富蘭克林在費城安頓下來，並且還找到了一份自己喜歡的工作。白天，他在山姆的印刷廠主要負責排版印刷和裁切裝訂等工作，除此之外，他還要負責店裡的各種雜務。直到天黑，他才能回到自己的小家，吃一些簡單的飯食後，開始閱讀那些自己喜歡的書籍。

費城的冬天十分寒冷，富蘭克林的住處破損的壁爐必須靠在跟前不斷添柴才能感到一絲溫暖。但富蘭克林看書一入神，就常常忘記添柴，這令他住所中的溫度與外面幾乎相差無幾。

在這種艱苦的條件下，富蘭克林不僅鍛鍊了自己的意志，開闊了眼界，增長了才幹，而且還沉澱了堅實的生活底蘊，消化吸收了許多前人留下的豐富文化遺產和精神食糧。

富蘭克林一向生活節儉，加上費城的物價比較便宜，所以雖然薪水不高，他還是攢了一些錢，買了許多以前買不起的書籍。透過買書讀書，富蘭克林又結識了一些篤學好志的青年朋友，如奧斯本、沃森等，尤其是立志要成為詩人的雷夫。他們經常在一起交流學術思想和人生體驗，這讓富蘭克林受益匪淺。

另外，讓富蘭克林感到更加愜意的，就是他第一次有了自己的心上人，那就是黛博拉．里德小姐。她天資聰穎，端莊大方，而且心地善良，勤快能幹。雖然從未進過校門，但卻讀了不少書，還寫得一手漂亮的文字。

里德小姐的父親是一名地產商，剛剛去世不久；她的母親里德太太勤勞樸實，靠出售一種治療皮膚病的祖傳成藥養家餬口。

透過幾次交往，里德小姐深深地被富蘭克林的風采和幽默所吸引。富蘭克林思維敏捷，胸懷大志，明亮的眼睛裡常常會流露出一種堅強不屈的神態，渾身都散發著一種成年男子才有的陽剛之氣。兩個年輕人的心在逐漸靠近。

（三）費城生活

在費城，富蘭克林的日子過得雖然艱難，但卻愜意而自由。對於波士頓的家人們，他嚴守自己行蹤的祕密，只給好朋友柯林斯一個人寫信，而柯林斯也始終為富蘭克林保守著祕密。

一轉眼，一個冬天就過去了。可就在這時，一件偶然的事情打破了富蘭克林與家人隔絕的狀態，令他不久後便返回故鄉了波士頓。

第四章　年輕的印刷工人

今天乃是我們唯一可以生存的時間。我們不要庸人自擾——或為未來的漫無目的而苦悶，或為昨天的過去而傷懷——而使它成了我們身體上和精神上的地獄。

——富蘭克林

（一）創業

一七二四年的四月初，富蘭克林忽然接到了姐夫的一封來信。姐夫羅伯特．霍姆斯是一隻商船的船長，經常在波士頓與特拉華之間航行做生意。他在無意中打聽到了富蘭克林的下落，便給富蘭克林寫了一封信。在信中，姐夫告訴他，由於他的不辭而別，父母焦急萬分，甚至常常以淚洗面。因此，姐夫勸富蘭克林馬上返回家鄉。

接到姐夫的信後，富蘭克林非常難過。對父母的愧疚，對家人的思念，以及在外面漂泊所遭遇的艱辛，不知不覺一齊湧上心頭。但是，為了不讓家人擔心，他在給姐夫的回信中隻字未提自己所遭受的痛苦，只是向姐夫解釋了自己出走和留在費城的原因，並且在字裡行間向姐夫暗示，在這件事上自己並沒有做錯。

當霍姆斯收到富蘭克林的這封信時，恰好賓夕法尼亞州的總督威廉．吉斯先生來拜訪霍姆斯。霍姆斯便向吉斯先生談起了富蘭克林，並將富蘭克林的回信給吉斯先生看了。

（一）創業

看完富蘭克林的信，這位總督感到很驚訝。他沒想到，這個年輕人竟然有這麼深刻的思想，以及如此敏捷的才思和文筆。他當即就對霍姆斯說，這是一個前途無量的青年，如果能給他適當的幫助，他一定可以成就一番事業。吉斯總督提議，讓富蘭克林自己在費城開辦一家印刷廠，經費由富蘭克林的家人資助，不足的部分他來墊付，並且他願意幫忙解決招攬生意等問題。這一建議得到了霍姆斯的讚許。

一週後的一天，富蘭克林正與山姆一起在窗前工作，忽然看到兩位衣冠楚楚的紳士從街對面向印刷廠走來，其中的一位就是賓夕法尼亞州的總督吉斯先生。山姆以為這前來訪他的客人，立即跑下樓迎接，沒想到客人聲言要見年輕的工人富蘭克林先生。

接著，總督和弗倫奇上校一起走上樓來。吉斯總督彬彬有禮地向富蘭克林握手問候，並邀請他一起去酒館敘談。富蘭克林感到很吃驚，但他還是接受了吉斯總督的邀請，隨他們一起走了出去。山姆則呆呆地站在一旁看著這一切，驚得說不出話來。

第四章　年輕的印刷工人

富蘭克林跟隨吉斯總督和弗倫奇上校一起走進一間酒館坐下來，一面喝酒，一面談話。吉斯總督在說明自己的來意後，便勸富蘭克林自己開辦一家印刷廠，他和弗倫奇上校兩人都向富蘭克林保證，會利用自己的影響力為他招攬軍、政兩方面的公家生意。

這樣的機會自然是富蘭克林求之不得的，但他表示還要考慮了一番，因為父親不一定會願意出資幫助他獨立開業。總督表示，他願意寫一封信讓富蘭克林帶給父親，相信這樣應該能夠說服他。

於是三人商定，富蘭克林乘下一班船返回波士頓，而富蘭克林即將開業之事則暫不宣布。回來後，富蘭克林照常在山姆的印刷廠裡努力工作，只是經常被總督邀請去一起吃飯，親切友好地交談。

一七二四年四月底，從費城開往波士頓的船即將啟航。富蘭克林以回家探親為辭，向山姆請了假，然後帶著總督寫給父親的一封厚厚的信，登船返回離別了半年之久的故鄉波士頓。

（二）返鄉

大約五月上旬，富蘭克林返回了波士頓的家中。面對半年多才回來的浪子，一家人都歡天喜地，沒有一個人埋怨他。老父親扳著小兒子的結實的肩膀使勁晃了晃，滿意地點點頭，說：「真是富蘭克林家的好子弟！」

而母親則把滿腔的愛都融入到一陣忙碌之中，將家中的雞蛋、麥粉、果醬等都通通拿出來，精心製作了一個大蛋糕。

晚上，除了哥哥詹姆斯之外，其他兄弟姐妹都趕回來了，一家人圍坐在桌旁，分享著美味佳餚和富蘭克林帶來的喜慶消息，充滿了歡聲笑語。富蘭克林在描述離家之後自己所做的那些事情後，還頗為得意地將里德小姐誇耀了一番，但對在異鄉的艱辛和痛苦卻隻字未提。

當富蘭克林把吉斯總督的信交給父親後，父親頗感意外，但並沒有馬上表態，甚至一連幾天，對這件事都閉口不談。直到女婿霍姆斯船長回到波士頓後，父親才把總督的那封信拿給女婿看，並向霍姆斯打聽吉斯總督其人。

霍姆斯在岳父面前極力支持總督的看法，並向岳父分析了這一計劃的可行性。但約賽亞還是認為吉斯總督對這事欠缺考慮，所以才力圖讓一個尚未成年的孩子去開業。

幾天後，約賽亞將富蘭克林叫到自己的房內，父子倆進行了一次重要的談話。約賽亞語重心長地告誡兒子：他才當學徒沒幾年就急於自己開業，這是一個草率的決定。在事業上過於急功近利只會導致失敗。他認為，對富蘭克林來說，現在最重要的事就是踏踏實實地工作和學習，隨著經驗和閱歷的累積，到二十一歲時再獨立開業會更有成功的把握。

父親的話不無道理，但卻不順富蘭克林的心意。富蘭克林試圖說服父親，但又怕父親傷心，於是，他只好順從了父親的建議。

為了表示對總督關照富蘭克林的謝意，約賽亞還親自給吉斯總督回了一封信。在信中，他表示非常感謝總督對自己兒子的信任和栽培，但他暫時不能資助兒子去費城開辦印刷廠，原因是兒子年紀尚輕，不堪信賴去經營管理這樣需要大筆資金才能開辦的企業。

（二）返鄉

當然，對富蘭克林，約賽亞也不乏鼓勵和讚賞之辭。他看到兒子得以從當地有聲望的人那裡得到這樣一封滿是溢美之辭的信，得以在這麼短的時間內靠自己的本領在舉目無親的費城安定下來，他感到由衷的欣慰。

這次回來，富蘭克林還去看望了哥哥詹姆斯。詹姆斯對富蘭克林的回來既不驚訝，也不欣喜，而是冷淡地接待了他，但印刷廠的工人們卻很熱情，大家都七嘴八舌地向富蘭克林打聽費城的情況和富蘭克林在那裡的生活。那天，富蘭克林穿了一身時髦考究的新西裝，脖子上還掛著一塊錶，衣袋裡裝有價值五英鎊的銀幣。當工人們好奇地問費城用什麼樣的錢時，富蘭克林就拿出一把銀幣給他們看，並讓他們看自己的錶，還送了一塊錢給他們買酒。

不過，富蘭克林這些無心的舉動在哥哥詹姆斯看來卻是對自己的侮辱。自始至終，詹姆斯都冷冷地對待富蘭克林。

幾天之後，富蘭克林再一次離開家鄉。不同的是，這一次他獲得了家人的允准和祝福。

（三）貴人

這次返回費城的航程還是比較順利的，只是好友柯林斯給富蘭克林帶來了不少麻煩。柯林斯是個很有志向的青年，但此時他正陷於失戀的痛苦之中而無法自拔，整天借酒消愁。富蘭克林擔心這樣會令柯林斯這個有才華的青年在醉生夢死中白白葬送前程，因此帶他一道去費城，希望在新的環境中可以讓柯林斯重新找回希望和信心。

柯林斯的所有家當就是四個大木箱和兩個提包的書，這些書引起了船長的注意。因為在當時，能擁有這麼多書的人是不多的，況且書的主人又是兩個年輕人。所以當船到紐約以後，紐約州的總督博內特聽船長提起他的乘客中有一位年輕人帶了一大堆的書時，便請船長把這個年輕人帶去見他。

富蘭克林跟隨船艙去拜訪了紐約總督，受到總督的熱情接待。總督還熱情地要求富蘭克林參觀自己的藏書室，兩人又一同談論了一些書籍和作家。如此年輕、社會地位如此低下，卻以寫作才能和擁有書籍為媒介，結識了一位當時上流社會中的人，這讓富蘭克林感到十分快慰。

離開紐約後，富蘭克林與柯林斯便一同乘船回到費城。富蘭克林將父親的信交給吉斯總督看了後，總督認為約賽亞太過謹慎。他說：

「既然你父親不願意幫你開業，那我來幫你了。現在，你把需要從英國購買的東西列一張單子給我，我去訂購。我幫你墊付的這些錢，等你以後有能力時再還給我。我堅決要讓這裡有一家優秀的印刷廠，我也相信你一定會成功的。」

富蘭克林被吉斯總督的誠意深深地打動了，他決定聽從吉斯總督的建議，自立門戶試一試。於是，他認真地列出了開辦一家小型印刷廠所需要的設備和物品等，價值大約在一百英鎊左右。

吉斯總督看了以後，又提出由富蘭克林親自去英國選購這些設備，因為這樣不僅能檢查設備的品質，還可以藉機認識一些書商，為以後出售書籍、文具等建立初步的聯繫。

富蘭克林認為總督說得很有道理，便決定幾個月後乘坐「安尼斯號」航船親自跑一趟倫敦。當時，「安尼斯號」是唯一一艘往返於倫敦和費城之間的航船，一年

(三) 貴人

才只有一趟。

事情定下來後，離「安尼斯號」啟程還有幾個月的時間，這段期間富蘭克林繼續在山姆的印刷廠工作，對即將去英國之事緘口不談。

然而在這段時間裡，富蘭克林與柯林斯的關係卻發生了變化，甚至最終徹底破裂。原因就是柯林斯來到費城以後，不僅沒有改掉酗酒的惡習，反而愈演愈烈，又染上了賭博的毛病。

由於經常輸錢，柯林斯來費城的旅費和生活費全部都由富蘭克林承擔，為此，富蘭克林不得不動用替哥哥約翰的一位朋友保管的一筆款項。而且，柯林斯的求職也因為雇方看出他貪杯好酒而屢遭挫折，只能靠向富蘭克林借錢度日。為此，富蘭克林每天都忐忑不安，生怕哥哥的朋友來信向他要錢，那時他將無言以對。富蘭克林認為，自己動用他人委託保管的錢財是他「一生中早期所犯的一個重大錯誤」，承認它反映出自己正如父親所評價的那樣：太過年輕，不能勝任經營企業的重任。

柯林斯在喝酒後還經常亂發脾氣，為此兩人經常爭吵。後來，一個偶然的機會，柯林斯得到了一份做家庭教師的工作，僱主住在西印度巴貝多群島，柯林斯便決定去那裡生活。在臨別前，柯林斯表示，在拿到薪水後他會寄給富蘭克林還債，可他這一去從此便再無音訊了。

一七二四年秋，在籌劃了幾個月後，富蘭克林告別了費城的朋友和里德小姐，與好友雷夫一起前往紐卡斯爾，登上「安尼斯號」航船，橫渡大西洋，為了夢想趕赴倫敦。

（三）貴人

第四章　年輕的印刷工人

第五章　在倫敦的十九個月

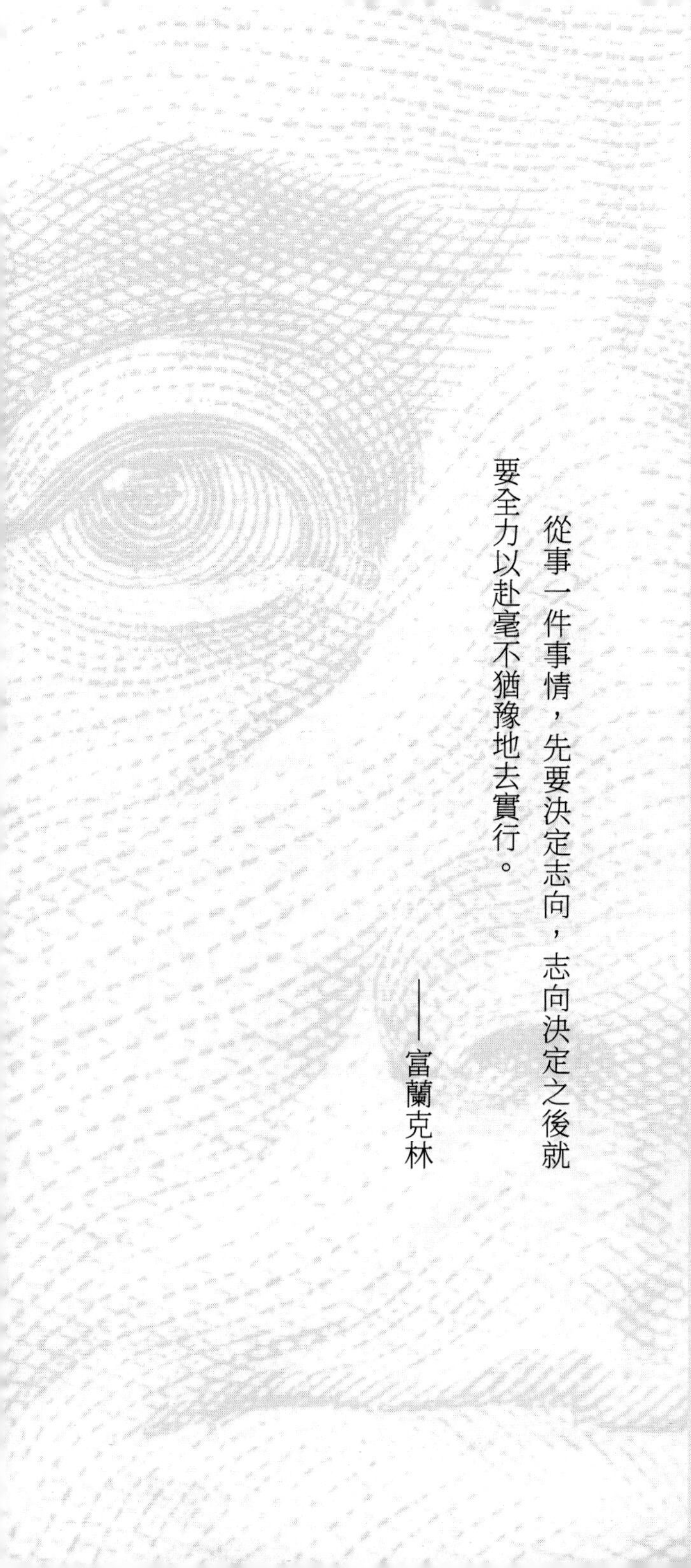

從事一件事情，先要決定志向，志向決定之後就要全力以赴毫不猶豫地去實行。

——富蘭克林

第五章　在倫敦的十九個月

（一）倫敦行

當時的倫敦，是世界上無與倫比的日不落帝國英國的首都，同時也是世界上最繁華的城市，富蘭克林對那裡充滿了嚮往。他覺得，自己的夢想即將透過這次倫敦之行而得以實現。想到這裡，他就對仁慈的吉斯總督充滿了感激之情。這一次，總督還答應會為他寫一封推薦信，以促成他此行的使命。

然而遺憾的是，一直到富蘭克林上船，也沒有見到總督的信件。在臨開船時，總督的祕書來了，向富蘭克林傳達了他的措辭謙恭的口信，稱總督因為公務纏身不能來，推薦信總督已經先期送到船上去了。富蘭克林見狀，不免有些困惑，但也只能回到船上等待收信。

當時，船上的頭等艙和二等艙已被幾位先生包下了，富蘭克林和雷夫只能乘坐三等艙了。在啟錨前，弗倫奇上校上船來了，他在向富蘭克林招呼、問候時的恭敬態度令正艙裡的乘客對這兩位青年頓時都刮目相看。

碰巧正艙裡的乘客、名律師安德魯．漢彌爾頓父子因有事下船回費城去了，

（一）倫敦行

正艙裡的紳士們便邀請富蘭克林和拉夫爾搬進了正艙。

弗倫奇上校下船後，船便起航了。富蘭克林想，弗倫奇上校一定已經把總督的推薦信送到船上了，因此就向船長要那些委託他面交的信。而船長稱，所有的信都裝在一個袋子裡面，一時無法取出，但他答應，一定會在到達倫敦之前把這些信件都找出來。

一路上，躊躇滿志的富蘭克林與雷夫愉快地暢想未來，構思著理想中的美好前景。同行的人對這兩位年輕人的遠大志向深感嘆服。然而，老於世故的教友會商人湯瑪斯．德納姆先生卻不以為然，時常給兩人高漲的情緒潑冷水，並指出他們並不瞭解吉斯總督的為人。這不免令富蘭克林和雷夫感到掃興。

德納姆先生的話雖然不受歡迎，但卻句句中肯。在聖誕節的前一天，「安尼斯號」即將結束航程，抵達倫敦，富蘭克林開始從信袋中翻尋吉斯總督給他的推薦信，可翻來翻去也沒找到一封托他面交的信。他從中揀出了六七封信，從筆跡上看猜測這可能是與他有關的信，因為其中有一封是寫給皇家印刷廠的巴斯克特，另外幾封是寫給文具商人的。

第五章　在倫敦的十九個月

一七二四年十二月二十四日，富蘭克林和雷夫到達了倫敦。他先按照信封上的地址找到一個文具商，把信交給了他。

文具商拆開信看完後，不僅沒有表示對富蘭克林的歡迎，還氣憤地說：

「哼！我可不認識你說的那個人，這是列德斯頓寫來的信，我發現他完全就是個大騙子！我已和他沒有來往了，我也不會收他的信。」

說完，他把信退給了富蘭克林。

得知這根本不是吉斯總督寫來的信，富蘭克林感到有些惶惑了。他找到在船上結識的教友會商人湯瑪斯．德納姆先生，把這件事的經過告訴了他。德納姆聽完富蘭克林的講述後，斷定吉斯總督根本就沒有替富蘭克林寫什麼信，而且他在倫敦也沒信用可言，根本就沒辦法向別人作任何推薦和擔保。

至於那封列德斯頓的信，德納姆先生推測，那應該是一個陷害漢彌爾頓先生的陰謀，而吉斯總督和列德斯頓恰好都牽涉其中。因此，德納姆先生認為應該讓漢彌爾頓先生知道這件事。

不久後，漢彌爾頓先生也來到倫敦。富蘭克林將列德斯頓的那封信交給漢彌爾頓先生，漢彌爾頓先生很感激富蘭克林，並此事為契機，與富蘭克林成了朋友。

對於吉斯總督，儘管富蘭克林後來仍承認他在任期間政績卓著，不失為一位好總督，但對於他這樣不負責任地欺騙一個毫無人生經驗的年輕人的事一直感到十分憤慨。

（二）謊言

透過這件事，富蘭克林第一次體會到了世事的險惡，也體會到了父親在這件事上的遠見和一篇苦心。他才只有十八歲，腦海中充滿了幻想、忠誠、正直與善良；而今在異地他鄉，他深深地領會到什麼叫虛偽、愚弄、欺騙和奸詐。

倫敦之行令富蘭克林的全部熱情和希望都隨著吉斯總督的謊言而付之東流了，富蘭克林心頭只剩下懊惱與悔恨。

既然來到倫敦了，又不能馬上回去，就必須先站住腳才行。於是，富蘭克

第五章　在倫敦的十九個月

林四處打聽工作機會。一週後，他在巴塞羅穆道口的帕爾默印刷廠找到了一份工作。

帕爾默印刷在當地很有名氣，生意也相當興隆，加上富蘭克林技術好，人又機靈、肯吃苦，所以收入還是比較高的。但雷夫由於缺乏專業的技術，又對工作過分挑剔，所以始終沒有找到一份穩定的工作，只能依靠富蘭克林的那份薪水，這對患難弟兄才總算在倫敦安頓下來。

富蘭克林很喜歡帕爾默印刷廠的工作環境，他認真鑽研，努力思索，很快就掌握了這裡的每一道排版工序和技術，對那些先進的生產設備也進行了深入細緻的研究。不久，他勤懇負責的工作態度和嫻熟精湛的操作技術就贏得了老闆帕爾默先生的賞識，帕爾默先生經常將一些技術要求較高的任務交付給富蘭克林去做，而富蘭克林每次也都能又快又好地完成工作。這樣工作了一段時間後，富蘭克林的周薪就從四十先令增加到了六十先令，而且還經常能拿到加班費，這是一般工人所望塵莫及的。

有一天，富蘭克林被指派為伍爾斯頓的《自然神論》第二版排字。在排字的

（二）謊言

過程中，富蘭克林發現伍爾斯頓的一些理論論證並不充分。於是，經過思考和整理，富蘭克林便寫了一篇短篇哲學論文《自由與貧困、快樂與痛苦論》來批評伍爾斯頓的那些理論。這再次令老闆帕爾默看出了富蘭克林的才華，雖然帕爾默不同意富蘭克林論文中的觀點，但還是對富蘭克林更加器重。

富蘭克林將自己寫的論文印製了一百份，散發給自己周圍的一些朋友。幸運的是，其中有一份偶然落入了外科醫生萊恩斯的手中，兩人因此也相識，並成為好友。萊恩斯寫過一本《人類判斷的不謬性》的書。他還介紹富蘭克林認識了《蜜蜂的寓言》的作者伯納德．曼德維爾和彭伯頓博士。從此，富蘭克林便開始與英國文化界的人士交往。

在此期間，富蘭克林還結交了小不列顛住處隔壁的書商，並與這名書商達成了協議：富蘭克林出一筆不太多的費用，便可以在書商那裡借閱任何書籍。運用這種方法，富蘭克林充分閱讀了書商所擁有的大量舊書。

在倫敦這個具有濃厚文化氛圍的大城市裡，富蘭克林盡情地在知識的海洋中遨遊。就像在費城時期一樣，他的周圍再次聚集起一大批喜歡讀書和思考的朋友。白天，他在印刷廠中努力工作，夜晚便成了他讀書鑽研的大好時間。

處於這種環境之下的富蘭克林，逐漸形成了思維敏捷、語言風趣、舉止文雅和善於交際的性格特點，他既能夠結交下層社會的勞動者，又能出入大雅之堂，用經過潤飾的語言與上流社會人士頻繁交往。

（三）返美

一七二五年秋，為了獲得更好的職位和發展，富蘭克林離開了帕爾默印刷廠，在一家規模更大的印刷廠——林肯協會廣場的瓦茨印刷廠重新找到了一份工作。

在新的生活環境中，富蘭克林處事十分謹慎，待人也熱情謙和，並繼續保持著節儉樸實的生活習慣，一日三餐也都是粗茶淡飯。這樣節省下來的錢，不僅能購買自己喜歡的書籍，還要適當幫助好友雷夫。

在來到這家印刷廠後，富蘭克林發現這裡的五十多名工人全都嗜好啤酒如

（三）返美

命。每天早餐前，每名工人都要喝一品脫的啤酒，早餐時再喝一品脫，早餐和午餐之間也要喝一品脫，午餐時、晚餐等，也都要喝一些。據他們說，喝濃啤酒可以讓人變得有力氣。

富蘭克林成為這裡唯一一個不喝酒的人，工人們都稱他為「喝水的美洲人」。但這個「喝水的美洲人」卻能雙手各提一版鉛字上下樓梯，而這些嗜灑者只能兩隻手捧一版鉛字。

後來，在富蘭克林的感化和說服之下，不少工人漸漸改掉了酗酒的不良習慣，這樣不僅節省下一些錢財，還能避免酒後鬧事造成的種種麻煩。

在這期間，雷夫一直沒有找到穩定的工作。雖然他也曾在逆境中充滿了信心和樂觀精神，但在安逸時就會表現得惰性十足。尤其是有好友富蘭克林的資助，雷夫在沒有工作又無聊之時便出入一些燈紅酒綠的娛樂場所，在精神享受和感官刺激中調節情緒。

他也曾發誓要找到能夠施展自己才華的職業，先後嘗試過做演員、撰稿人、記者和編輯等，但都一事無成，只好在吟詩作賦中聊以度日。此時，雷夫早已將

第五章　在倫敦的十九個月

自己在費城的妻子和孩子拋到腦後，與隔壁的一名女帽商打得火熱。年輕的富蘭克林為了雷夫簡直兩肋插刀，將自己薪水的一半都交給他用，還為他保守已有妻室的祕密。

後來，雷夫在伯克郡找到了一份教師的工作，便隻身去那裡工作。他委託富蘭克林幫助他照顧他的女朋友，即那位女帽商。遵照雷夫的囑託，富蘭克林經常應她的請求，借一些錢給她應急。

在這些交往中，富蘭克林發現這位夫人受過很好的教育，聰慧活潑、談吐風趣，不覺對她產生了好感。在有意無意之中，生命中難以駕馭的原始衝動促使他向這位女帽商發出了求愛的信號，結果遭到拒絕。

不久，女帽商就將這件事告訴了雷夫。雷夫非常憤怒，他返回倫敦，帶走了女帽商，並聲稱所欠富蘭克林的二十七磅債款從此一筆勾銷。

就這樣，富蘭克林失去了雷夫的友誼，但同時也卸掉了一個沉重的精神包袱。

在瓦茨印刷廠，富蘭克林還結識了一位新朋友——一位名叫威格特的工人。威格特會說法語，還懂一些拉丁文，十分喜愛讀書。在工人們中間，威格特的文化修養可謂是鶴立雞群。由於兩人興趣相投，又都喜歡閱讀和學習，因而友情日漸加深。最後，威格特向富蘭克林建議，他們可以一起去歐洲旅行，靠在各地的印刷廠打工來維持生活。這種提議獲得了富蘭克林的贊同，但卻遭到了富蘭克林的忘年之交德納姆先生的阻止。

在倫敦生活的這段日子裡，富蘭克林與德納姆先生一直都有聯繫。在與富蘭克林認識之前，德納姆曾在布里斯托做生意虧了本，欠了別人不少債務。後來，他又到美洲做生意賺了大錢，隨後返回英國，準備還清那些債主的債務。在船上，他遇到了富蘭克林和雷夫。

在回到英國後，德納姆先生設宴款待了他舊日的債主們，並完全還清了當年所欠的債款和利息。德納姆先生的為人深受富蘭克林的敬仰，因此富蘭克林與他也成了忘年之交。

這次，當富蘭克林將威格特的計劃告訴德納姆先生後，德納姆先生並不贊同；相反，他勸說富蘭克林返回費城。並且告訴富蘭克林，他自己不久也將前往費城，準備在那裡開設一家商號，目前正在採購階段。他希望富蘭克林能到他的

（三）返美

商號工作，幫助他管理商號，並允諾將來一定會提拔富蘭克林，讓他發財致富。

經過一番慎重的考慮後，富蘭克林決定再次聽從德納姆先生的建議，同他一起返回費城；加之倫敦也的確不是他的久留之地，他的根還在北美的沃土上，而且現在他也漸漸對倫敦的生活產生了厭倦，思鄉之情愈濃。

兩人達成協議後，富蘭克林辭去了瓦茨印刷廠的工作，隨後便每天陪伴德納姆先生一起忙於購進貨物。

一七二六年七月二十三日，富蘭克林跟隨德納姆先生從伯克郡的格雷夫森德上船，離開倫敦，向北美洲揚帆而去。

第六章　重操舊業

如果一個人將錢袋倒進他的腦袋裡，就沒有人能將它偷走。知識的投資常有最好的利潤。

——富蘭克林

（一）舊情復燃

一七二六年十月十一日早晨，航船終於載著富蘭克林回到了闊別一年多的費城。他在自己的旅途日記的最後一篇中這樣寫道：

「……天氣異常晴朗，太陽用它溫暖明亮的光輝活動了我們僵硬的四肢。天空看上去是灰色的，點綴著一些銀色的雲。林中吹來的清新的風讓我們精神振奮。在如此之長、令人厭煩的禁錮之後，近在眼前的自由讓我們欣喜若狂。簡而言之，所有的一切加在一起，使這一天成為我有生以來最為愉悅的日子。」

看得出來，富蘭克林正滿心歡喜地撲向久違了的美洲故鄉，充滿激情地準備投入他一心嚮往的新生活。

這時的富蘭克林已經年滿二十歲了，他長得高高大大，身體健壯，灰色的眼睛炯炯有神，透露出幾分機智、沉著和剛毅。他衣著樸實，舉止穩健，給人一種樸實莊重而又聰穎深邃的印象。

一回到費城，富蘭克林馬上就去探望了里德小姐。可是，此時他不得不面對

（一）舊情復燃

一個殘酷的現實：由於在苦苦等待之中只得到富蘭克林一封歸程無期的簡訊，目光短淺的里德太太便將里德小姐嫁給了當地一位據說手藝不錯的陶工羅傑斯。

可婚後不久她們發現，羅傑斯根本就是個不務正業的傢伙，據說也早有妻室。里德小姐與羅傑斯結婚後，兩人根本無法生活在一起，不久就分手了。後來羅傑斯負債潛逃，留給里德小姐的只有一筆欠債和一段痛苦的回憶。

里德太太痛哭流涕地悔恨自己的決定害了女兒，但富蘭克林也坦率地承認，是自己當時沒有經常寫信給里德才導致這樣的結果。他用真誠的語言寬慰了受到生活煎熬的里德母女，然後悄然離去了。

很快，富蘭克林就不得不為新工作忙碌起來。他跟著德納姆先生一起在水街開設了一家雜貨店，從店鋪的選址到裝修、陳設，他們幾乎都要自己動手。當裝修完成後，他們又把從倫敦進來的貨物都一一陳列出來，一天都不得閒。

在這期間，德納姆先生對富蘭克林非常關照，像疼愛自己的兒子一般疼愛他，不僅手把手地教他如何進貨、定價、記帳和銷售，還給予他一定的人生教誨，幫助他從剛剛受傷的感情泥沼中解脫出來。

第六章　重操舊業

富蘭克林也一心將精力撲在店鋪的經營商，鑽研帳務，很快他就學會了做生意的那一套。

就在一切剛剛步入正軌時，一件不幸的事情發生了：一七二七年二月初，德納姆先生和富蘭克林兩個人同時病倒了。富蘭克林患的是急性肋膜炎，整個胸部和肋部都疼痛難忍，連呼吸都十分困難。他幾乎停滯了思維，任憑病情的發展，甚至等待死亡的來臨，但由於年輕力壯，身體好，富蘭克林的病很快就好轉了。然而德納姆先生卻一病不起。一個月後，德納姆先生與世長辭了。

德納姆先生去世後，只贈給富蘭克林很少的一部分遺產，雜貨店由他的遺囑執行人接管了，富蘭克林也失去了在德納姆店裡的工作。他那從倫敦歸來前夕憧憬的跟隨德納姆學做生意而後發財致富的夢想也如海市蜃樓般消失不見了。剛剛年滿二十一歲的富蘭克林需要重新開始。

（二）重操舊業

在從德納姆先生的店鋪失業後，富蘭克林不得不面臨重新找工作的窘境。這時，他的姐夫霍姆斯也在費城，他建議富蘭克林重操舊業，到他的老主人山姆·凱姆先生的印刷廠上班。而山姆這次也開出了相當優厚的年薪，極力說服富蘭克林到他的印刷廠上班。就這樣，富蘭克林再一次成為一名印刷工人。

在弱者的眼中，不幸和災難就像是一道不可踰越的深淵；但對於強者和天才來說，這些恰恰是促使他們成長和成熟的無價之寶。在經歷了一次次失敗、失戀、失業的打擊，甚至是死亡的威脅之後，富蘭克林變得更加堅強和成熟起來。儘管未來要走的路還很漫長，成功的喜悅也與他無緣，但他克服困難、戰勝挫折的能力和勇氣卻與日俱增，性格也變得更加堅毅頑強。而所有的這些，都成為他在逆境中不斷成長的極其寶貴的財富，成為他日後獲得成功不可或缺的必然要素。

當時的費城與倫敦比起來是十分落後的，其原因不僅僅在於起步較晚，更重要的是英國政府推行的殖民政策所致。英國的殖民統治者為了保證英倫三島的製造業和商業貿易的高額利潤，便千方百計地設法限制北美殖民地經濟的發展。

自從十七世紀以來，英國政府採取了一系列限制北美工業發展的措施，如禁止北美與其他國家直接通商，限制北美工業的發展，迫使殖民地人民購買英國的產品等等。這樣一來，便可以讓北美永遠成為英國的商品銷售市場和原料產地。這種強制性的歧視經濟政策給北美經濟帶來了巨大的壓力。

這個時期，富蘭克林還沒有對英國的殖民政策進行過深入的分析，只是對費城印刷業的前景感到憂心忡忡。一轉眼幾年過去了，城裡僅有的兩家印刷廠的經營狀況不但沒有什麼改善，反而還更加糟糕。在英國國王委任的總督的嚴密監控下，每年只有少得可憐的印刷品問世。

富蘭克林再次回到山姆的印刷廠工作，主要原因是山姆給出了比往日優厚得多的酬資。但很快他就發現，山姆其實是指望富蘭克林回來幫助他扭轉已經陷入窘境的經營局面，並幫助他訓練手下那批工資低廉的新工人。

不過，富蘭克林並不在意山姆應徵他的真實意圖是什麼，他只知道憑良心和

（二）重操舊業

本領賺錢是人的本分。因此，他在這裡工作得依然相當努力。每天，富蘭克林除了要教給新工人各種印刷技術外，還負責印刷業務的正常進行。

同時，他還憑藉自己在倫敦兩家印刷廠工作中學來的經驗，設法替印刷廠鑄造鉛字，製造油墨，甚至還兼任著倉庫的保管員。儘管富蘭克林很清楚，在他將新工人教會之時，就是他自己不得不離開印刷廠之日，但他還是盡自己所能地努力工作，從而贏得了店裡工人們的尊敬。

在富蘭克林的努力之下，山姆印刷廠的生意再次漸漸步入正軌，生產時序也顯得井井有條。而富蘭克林對山姆印刷廠最大的貢獻，就是他為山姆完成了紐澤西紙幣的印刷業務。

當時，印刷紙幣需要雕刻圖版和各種複雜的字體、花紋等，費城沒有人願意做這種技術要求很高的活兒，於是富蘭克林自告奮勇地接了下來，並且頗下了一番功夫，最終圓滿地完成了工作。這宗業務完成後，山姆賺了一大筆錢。

(三) 離職

在凱姆印刷廠工作期間，富蘭克林的業餘生活也很豐富。在讀書之餘，他還經常與一些好學上進、關心社會生活的青年在一起。一七二七年秋，富蘭克林和這些朋友組建了一個名叫「共讀會」的小團體，大家經常聚集在一起讀書寫作，探討各種學術問題。由於富蘭克林學識淵博，閱歷豐富，人品又好，因此成為這個團體中的核心人物。

在印刷廠裡，富蘭克林德才兼備，富有人格魅力，因此便出現這樣一種狀況：前來印刷廠談業務的人往往不介意老闆山姆的存在，而是直接找富蘭克林；同時，印刷廠的工人們也都喜歡與富蘭克林打交道，對山姆敬而遠之；即便是當地的一些政要也常常光顧這個小印刷廠，要求富蘭克林去他們的家中做客。

久而久之，山姆對這種被富蘭克林搶去風頭的情景感到不滿。而隨著印刷廠生意的好轉，以及新工人印刷技術的熟練，山姆也開始感覺富蘭克林的多餘。當山姆向富蘭克林支付第二個季度的薪水時，他便向富蘭克林透露了這樣一個意思：他付不起這麼多的薪水，想要削減一部分。

半年以後，山姆對富蘭克林的態度更是發生了完全的轉變。他經常板著臉，對富蘭克林的工作吹毛求疵。其實真正的原因還是因為印刷廠其他工人的業務已逐漸改進，他漸漸感到富蘭克林在印刷廠已不那麼重要，而薪水卻拿得太高。對此，富蘭克林一直默默容忍，繼續照常工作。直到有一天，他終於忍無可忍了。

這天，富蘭克林同往常一樣，在二樓的印刷間裡幹活，忽然聽到樓下的院子裡傳來一陣爭吵聲。富蘭克林聞聲不由得把頭伸出窗外，想看看到底發生了什麼事情。

正在外面街上的山姆看到富蘭克林伸出頭向外看，立刻破口大罵，氣勢洶洶地指責富蘭克林不好好工作，口口聲聲地說：

「我的印刷廠裡絕不養活這種好吃懶做又愛管閒事的人！」

山姆的罵聲引得街坊四鄰都紛紛走過來看熱鬧，這讓富蘭克林感覺自己的自尊受到了嚴重傷害，他也怒不可遏地當眾對山姆的小人行徑進行了尖利的揭露和指責。

（三）離職

第六章　重操舊業

山姆見狀，馬上又衝到上樓來，對富蘭克林叫嚷不止，雙方破口大罵起來。爭吵的結果是：山姆依照合約給富蘭克林三個月期限離開的解僱通知，並稱自己悔不該當初規定讓富蘭克林在這裡待這麼長的時間；而富蘭克林則回敬山姆說，他完全不必後悔，因為自己現在就決定離開這裡。

說完，富蘭克林拿起自己的帽子，下樓去了。在出大門前，他請工人梅勒迪斯替他將留在那裡的個人物品送到他的住處去。

其實，富蘭克林的這一舉動並非心血來潮。多年的打工生活，已經讓他嘗到了人間的種種苦果，深切地體會到寄人籬下生活的悲慘和不安。他早就希望自己可以擺脫這種羈絆，用自己的辛勞和智慧創造出更多的財富，營造出一種嶄新的生活方式來了。

第七章　立業成家

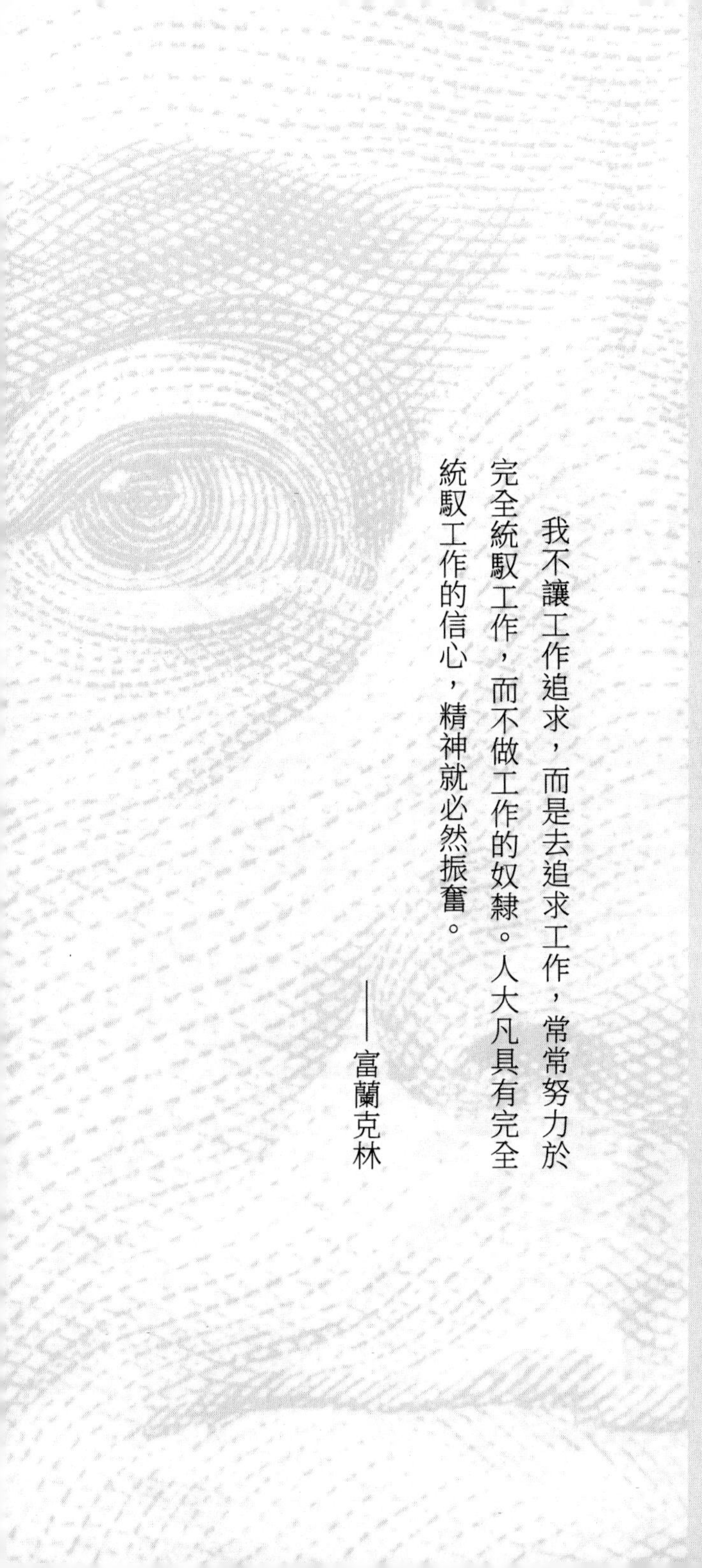

我不讓工作追求，而是去追求工作，常常努力於完全統馭工作，而不做工作的奴隸。人大凡具有完全統馭工作的信心，精神就必然振奮。

——富蘭克林

（一）開業

這天晚上，梅勒迪斯來到富蘭克林的住處，給富蘭克林送他在印刷廠的個人物品，兩個人聊起了當天發生的事。梅勒迪斯對富蘭克林十分敬重，很不願意富蘭克林離開山姆印刷廠，將他丟在那裡。富蘭克林表示返回家鄉伯靈頓去，梅勒迪斯勸他放棄這個念頭，並提醒富蘭克林說，山姆的一切家當都是借債購置起來的。而現在，他的那些債主都已經等不及了。他的店鋪經營得非常糟糕，經常賠錢，因此山姆印刷廠最終肯定會倒閉，而這就能夠給富蘭克林提供一個賺錢的空缺。

可富蘭克林表示，自己現在沒有任何積蓄，怎麼能開辦印刷廠呢？梅勒迪斯說，他的父親曾來費城探望他，對富蘭克林頗為賞識，認為兒子只有跟著富蘭克林才會有出息。因此，如果富蘭克林願意跟他的父親合夥的話，他父親肯定會借一部分錢給富蘭克林。

富蘭克林經過考慮後，認為這是一個不錯的主意，他決定試一試。於是，梅

（一）開業

勒迪斯找到父親，父親老梅勒迪斯拿出了自己多年的積蓄兩百英鎊，讓梅勒迪斯與富蘭克林一起合夥開辦一家印刷廠。其中，梅勒迪斯擁有全部股份中的一百磅，另外的一半記在富蘭克林的名下，先以借貸的方式替富蘭克林墊付，富蘭克林在兩年內還清。此後，富蘭克林全權掌管印刷廠，而所得的利潤與梅勒迪斯五五分成。

兩個年輕人把計劃確定下來之後，富蘭克林開具了一張所需設備的清單給梅勒迪斯的父親，老梅勒迪斯將清單交給一位信得過的商人，讓他幫忙購置。

在設備沒到手之前，富蘭克林和梅勒迪斯的計劃都處於保密狀態。可是沒有了工作，富蘭克林只能無所事事地呆著家裡讀書。

就在這時，富蘭克林收到了山姆的一封信。信中的措辭十分謙恭，說兩人是多年的老朋友，不應該為了一時的氣話就分道揚鑣，所以希望富蘭克林能重新回到他的印刷廠工作。

原來，就在富蘭克林離開後，山姆遇到了一個可能受邀到紐澤西去印刷紙幣的機會。這項任務需要大量的刻板和各種各樣的鉛字，只有富蘭克林能勝任。山姆擔心競爭對手布拉福德會聘用富蘭克林，從他手中把這筆生意搶走，於是便假意寫信給富蘭克林道歉，希望富蘭克林繼續回到山姆印刷廠工作。

對於這份邀請，富蘭克林有些猶豫，但梅勒迪斯勸富蘭克林繼續回到印刷廠，這樣，他就可以在富蘭克林的親手指導下獲得較多的機會提高技藝。於是，富蘭克林重新回到了山姆印刷廠。

這次回來，富蘭克林的工作比前段時間順利多了，山姆也不敢再對他頤指氣使了。當然，山姆也如願以償地得到了那筆生意。富蘭克林還和山姆一同去了一趟伯靈頓，完成了生意方面的事務。因為這筆生意，山姆得到了一筆相當可觀的收入，大大改善了他的經濟狀況。

在伯靈頓的近三個月中，由於富蘭克林較高的文化修養和技藝水準，紐澤西監管紙幣發行印刷的委員會成員都很喜歡與他打交道。這也讓富蘭克林有機會結識了紐澤西州的法官愛倫、州議會祕書薩穆爾·布斯特爾、議員愛瑟·皮爾森、約瑟·庫柏以及測量局長阿瑟·狄克等。這些人後來都成了富蘭克林終生的好友，給他的事業發展帶來了很大的幫助。

一七二八年初，新的印刷設備從英國運到了費城。隨即，富蘭克林與梅勒迪斯一起辭去了在山姆印刷廠的工作。兩個雄心勃勃的年輕人在市場街南面租下了一幢樓房，年租金為二十四磅。這所房子不但使用面積大，而且離里德小姐的家也很近，站在樓上就能清楚地看到里德小姐的家門。

為了節省租金負擔，他們還招來了愛好數學的釉工湯姆斯．戈德弗雷一家過來同住，並在他們家中包伙。

在一切準備妥當後，陽春三月的一天，費城第三家印刷廠開業了，主人是休．梅勒迪斯和班傑明．富蘭克林。從此，富蘭克林便進入到北美殖民地資產階級的行列，開始了他作為一名手工工匠和商人的生涯。

（二）拆夥

新店鋪剛剛開張，就迎來了他們的第一位顧客——一位初次進城的農民。這位農民是由一個熱心的「共讀會」會員布萊恩特納爾介紹來的。印刷完成後，他付給富蘭克林五個先令，然後抱著一疊印刷清晰、裝訂精緻的帳本心滿意足地走了。

直到五十年後，富蘭克林都清楚地記得他創業生涯中的這第一筆收入。他在《自傳》中寫道：

「這個鄉下人的五先令給予我的快樂，遠勝過我以後所獲得的任何一枚硬幣。因為它是我的第一筆收益，而且來得如此及時。」

命運似乎已經開始垂青富蘭克林這個志向遠大的年輕人了。經過多年的磨練和艱辛，富蘭克林已經具備了多方面的能力和才幹，不僅是一位出色的印刷技工，還是一位經營有方的商人，而且還是個善於交際的活動家和文筆優美流暢的作家。

自從開辦印刷廠後，富蘭克林每天都以飽滿的熱情和充沛的精力投入到工作當中。每天天還沒亮，富蘭克林就起來去上班了，一直工作到深夜，安排好第二天的工作後才回去休息。

隨著業務的開展，富蘭克林又添置了一些更加先進的印刷設備。依靠高超的技藝、誠信的服務和先進的技術，富蘭克林贏得了越來越多的客戶，並以優質、守時的服務承攬了大宗政府公文的印刷業務。而此時，他的主要競爭者山姆印刷廠和布拉德福印刷廠的生意卻每況愈下，陷入舉步維艱的地步。

富蘭克林對酗酒一向深惡痛絕。在倫敦工作的這幾年，他一直都以「喝水的美洲人」的形象教育了那些以啤酒當飯的工人們。梅勒迪斯是個很不錯的人，確切地說他是個好農民，他嚮往遼闊的田野、成群的牛羊和充滿天倫之樂的農莊，不喜歡城市裡的生活，對生意也是一竅不通，對印刷技術更是似懂非懂。

由於富蘭克林在業務上包攬了一切，高枕無憂的梅勒迪斯對印刷工作漸漸失去了興趣，再次拿起了酒瓶。對此，富蘭克林對他是百般規勸，可都無濟於事。梅勒迪斯所關心的，只是向富蘭克林索要他的那部分利潤，然後拿著錢去喝酒狂歡，很快他就欠下了一堆的債務。

（二）拆夥

這讓富蘭克林很為難。最後，富蘭克林不得不向梅勒迪斯攤牌，表示他不願意繼續與梅勒迪斯這樣合作了。經過協商，富蘭克林一次性退還了梅勒迪斯的全部股金，並替他還清了欠酒館和高利貸者的七十多磅債務，同時又送給梅勒迪斯三十磅購買土地的本錢和一副新馬鞍。

當時，富蘭克林一下子拿不出這麼多錢，只好向「共讀會」的朋友借了一些。一七三零年七月十四日，梅勒迪斯騎著馬離開了費城，向北卡羅萊納遼闊的田野奔去，圓了作一個快活的農民的夢。

就這樣，富蘭克林名正言順地成了印刷廠的獨立經營者，他的事業再次向前邁進了一大步。

（三）誕生

在事業基本安定之後，富蘭克林便開始有時間考慮結婚成家的事了。多年一個人在外漂泊，他也時常感到身心疲憊，嚮往能有一份幸福的愛情和一個溫暖的家庭。

每每想到這些，他都會不由自主地想起里德小姐。自從印刷廠開業後，他也會經常去探望接濟那對可憐的母女。一直以來，他對里德小姐都無法忘懷。那一襲長裙、綽約的風姿和富有表情的大眼睛時常在他的腦海中出現，化作縷縷情絲，日夜纏繞著他。富蘭克林終於明白：真正的愛情是刻骨銘心、難以忘懷的。

終於，富蘭克林下定決心，勇敢地走向那扇熟悉的大門，鄭重地向里德小姐提出了結婚的請求。

一七三零年九月一日，班傑明．富蘭克林與德寶拉．里德這對苦苦相戀了七年之久的戀人終於結為伴侶。不過，他們並沒有在教堂舉行婚禮，只是按照普通法律結了婚。婚後，里德小姐搬到了市場附近的那所房子裡，成為富蘭克林太太。她的母親里德太太也去和他們同住。至此，富蘭克林感到自己「總算盡可能地改正了那一大過錯」（沒有及時給里德小姐寫信，致使里德小姐與他人結婚）。

德寶拉．富蘭克林是個膚色紅潤、體格健壯、賢淑漂亮的女人，沒受多少教育，有時候還顯得很固執，對丈夫的研究和思考也沒有興趣，但她忠貞、節儉、理智。對她，富蘭克林後來回憶說：

「她是個善良而忠實的伴侶，極力幫助我照料店鋪，我們在一起興旺起來了，我們一直總是相互安慰和體貼。」

第七章　立業成家

一七三一年，富蘭克林的第一個孩子出生了，是個男孩，取名威廉。一年後，德寶拉又生下了一個男孩，取名為法蘭西斯。一七三六年，富蘭克林的侄兒詹姆斯從新港被帶到他的家中。一七四三年，富蘭克林的一個女兒薩拉又降生了。此外，印刷廠裡的幫工也不時地在這個家中寄宿和寄膳。這樣一來，富蘭克林的家成了一個名符其實的大家庭。

不過，富蘭克林極少會在家中招待朋友，而是選在酒館或更多是在「共讀社」的聚會上同他們會面。同其他商人之間，除了生意上的事，富蘭克林一家與他們幾乎麼沒有其他的交道。

一七三六年十一月二十一日，富蘭克林四歲的兒子法蘭西斯因患天花不幸夭折，富蘭克林非常悲痛。在很多年以後，富蘭克林都還在痛惜愛子之死。他在給小妹妹簡的信中說，他的孫子「時常令我清楚地回憶起我的兒子法蘭西斯，雖然他已經死去三十年了。從那以後，我極少看到什麼能與他相比。一直到今天，每每想起他，我都不能不嘆氣」。

在一家人的共同努力之下，富蘭克林的經濟狀況大有改觀，家中的餐具也從價值兩便士的陶製碗和錫製羹匙換成了二十三先令的磁碗和銀羹匙。到後來，他們擁有了價值數百鎊的銀製餐具。

家庭的興旺也是富蘭克林事業發達的一個代表。與那些集畢生精力於某一門學問的科學家不同的是，富蘭克林通常一邊思考、研究、寫作，一邊處理和應付商務的、公眾的、家庭的各類事務。可以說，他的世界是廣闊無邊的。後來，富蘭克林成為偉大的思想家、科學家和外交家，但他又始終是個偉大的俗人。

（三）誕生

第七章　立業成家

第八章　事業嶄露頭角

忽視當前一剎那的人，等於虛擲了他所有的一切。

——富蘭克林

（一）共讀會

自從一七二七年成立「共讀會」這個組織後，加入這一組織的早期成員一般都是富蘭克林的好友。「共讀會」的主要任務是組織其中的會員讀書學習，互相切磋，共同研究討論社會、自然等方面的問題。富蘭克林還為這個學會制定了組織章程，這個章程參照了波士頓的科頓．馬瑟創立的鄰里互濟會的體制規定，只是比它要更完善一些。

「共讀會」成為全美洲第一所最好的研究哲學、政治和道德的業餘學校，同時又是在教友會等宗教組織之外自發形成的互助互利、同舟共濟的群眾性世俗團體。可以說，從創立之初，富蘭克林就已經成為該組織中眾望所歸的領袖人物。

每週的週五是「共讀會」規定的聚會日。這天，一夥兒富有才華、意氣風發的年輕人便圍坐在一起，時而潛心思考，時而各抒己見，體現出一股好學上進的精神和蓬勃旺盛的朝氣。

這些聚會都是在有計劃地進行的，按照「共讀會」的章程，每位成員要圍繞

(一) 共讀會

道德、政治或自然科學中的某個觀點，依次提出一個或幾個問題，供與會人員討論；每三個月要寫一篇論文，並要當眾宣讀，題目自選；辯論需要在一位主席的指導下進行，不能就某個問題隨意爭辯；開展辯論的目的是為探求科學和真理，而非出於爭論的癖好或滿足爭強好勝的心理；為防止過激行為出現，一切專斷的陳述或針鋒相對的爭議都被禁止，違反者要被處以一筆小小的罰金，以示警戒等等。

「共讀會」的成員都很自覺地遵守這些規定，因此，他們舉行的聚會場面常常熱烈而精彩，形式也不乏味單調，而是妙趣橫生。與此相形益彰的是，他們討論的內容也豐富而深刻，不但有大膽的創新，還包羅萬象，其中的許多問題與人們的日常現實生活息息相關，比如在賓夕法尼亞州發行紙幣的問題就是其中典型的一例。

當時，賓夕法尼亞州流通的紙幣總共才只有兩萬多磅，紙幣奇缺成為阻礙商業和經濟發展的一個不利因素，因此社會上便出現了要求多印發紙幣的呼聲。

在一七二八到一七二九年之交，關於發行紙幣出現了比較激烈的爭論。在爭論中，包括債務人、商人、工匠的廣大人民都紛紛要求增發紙幣，但有錢人卻極力反對，因為他們害怕紙幣貶值，致使自己的利益受到損害。

對於這一問題，「共讀社」的成員也進行了認真的討論。富蘭克林兼債務人、商人和工匠的三重身分，自然而然地站在贊同發行紙幣的一邊。而其他成員也認為擔心紙幣貶值是多餘的，因為適當發行紙幣可以刺激經濟的繁榮和發展。

不久，富蘭克林便撰寫並匿名發表了一本名為《試論紙幣的性質和必要性》的小冊子。在這本小冊子中，富蘭克林引證了一七二三年賓夕法尼亞州發行紙幣推動商業發展的這一實例，認為增印紙幣是很有必要的，因此他積極支持增印紙幣的主張。

同時，他還在書中就交換價值問題進行了深入的分析。他說：

「……我們必須撇開那些貴重的金屬，尋找另外一種價值尺度，這種尺度就是勞動……既然貿易就是一種勞動同另一種勞動的交換，所以，一切物的價值用勞動來估量都是正確的。」

他還認為，賓夕法尼亞雖然沒有太多的貴金屬作為貨幣的保證金，但卻擁有豐富的土地資源，「正如以貴重的金屬作為保證金發行的票據是貨幣一樣，以土地作為保證金發行的票據實質上就是土地的貨幣化」。

這樣，富蘭克林就用十分淺顯的道理闡述了被那些經濟學家們弄得高深莫測的經濟學原理，大大助長了要求發行紙幣一方的聲勢。

一七三零年，州議會終於透過了發行紙幣的議案，並將印製紙幣的業務委託給富蘭克林的印刷廠來做。不久，漢彌爾頓又幫他攬到了承印紐卡斯爾的紙幣、政府法律和選票的生意。這宗生意到富蘭克林離開印刷業之前一直都在他的手中。這是兩筆利潤相當豐厚的業務，正值創業初期的富蘭克林從中自然也獲益非淺。

透過呼籲發行紙幣這件事，「共讀會」的聲望也獲得極大的提高，富蘭克林也因此在經濟學界嶄露頭角。他的真知灼見不僅受到當時許多專家的重視，甚至後來還得到了馬克思的高度讚賞。

（二）公報

北美的印刷業在殖民地時期是舉步維艱的，鉛字的供應受到英國當局的嚴格控制，印刷書報所需的紙張油墨等材料在相當程度上也要依賴於宗主國，這種情況嚴重地阻礙了北美印刷業的發展。

當時在費城的三家印刷廠中，山姆．凱姆的印刷廠只能接一點傳單、曆書和小冊子的印刷生意；布拉德福的印刷廠要幸運一些，因為安德烈．布拉德福從父輩那裡繼承了官方承印人的身分，承攬了政府法規、官方文告和議會記錄等頗有利潤的印刷業務。另外，他還利用身兼郵政局長一職的便利，讓郵差發送他承印的官方報紙《美洲信使週報》。

富蘭克林的印刷廠開辦後，他開始對這兩位同行的優勢和弱點進行分析，最終決定創辦一份為民眾所喜聞樂見的報紙，以此為契機，在印刷界的競爭中謀求生存和發展。

這時，凱姆印刷廠的生產和經營已經陷入無序狀態。但富蘭克林準備辦報紙的消息被前來謀職未果的喬治．韋伯泄露出去，一心想發財致富的山姆聞訊後，不惜借債購買機器設備，搶先創辦了一份名為《世界藝術與科技導報及賓夕法尼亞新聞》的報紙。

比起布拉德福那份單調呆板的官方報紙《信使》來說，這份報紙的可讀性和趣味性要強一些。其中設有新聞短訊、百科知識和詩歌散文等多個版塊，內容和形式也比較活潑。但可惜的是，山姆本人沒什麼才學，並不具備辦報的才能，他也沒有出色的撰稿人和編輯，只能靠臨時抄襲或拼湊別人的稿件來勉強出版。

得知此事後，富蘭克林十分憤慨，而自己一時還無力辦報。但為了與山姆的報紙相抗衡，並揭示其小人的嘴臉，他以「愛管閒事的人」為筆名，在布拉德福的《信使》上投了大量的稿件。當然，這些文筆流暢、內容深刻的稿件毫無疑問地也都被不知情布拉德福德選用了。

在這些稿件中，「愛管閒事的人」以蘇格拉底式的對話，入木三分地揭露嘲諷了凱姆式的「怪誕的蠢人」，說他「自願忍受巨大的疲勞去尋找虛幻中的寶藏」，「深更半夜離開妻子溫暖的被窩，不論颳風細雨，都去費力尋找他絕不可能找到的東西」，「他的大衣粗陋硬舊，他的襯衣是土布制的，他的鬍子大概有七天沒刮了」，……

生性偏狹的山姆看到這些文中被激怒了，他在自己的報上開闢了一個專欄，用最粗暴的語言回敬這位「愛管閒事的人」的攻擊，以發洩自己的憤怒。

可是，沒人願意看這種粗俗的報刊，山姆的報紙漸漸失去了讀者，他的印刷廠也因此債台高築。

當債主紛紛上門討債時，山姆不得不找到富蘭克林，請求他買下自己的報紙，隨後又將印刷廠賣給了自己手下的一名僱員大衛·哈里。

在山姆退出印刷界後，富蘭克林開始正式籌辦自己的報紙。一九二九年十月二日，富蘭克林的《公報》問世了。

在辦報方面，富蘭克林的經驗是比較豐富的，因為他早年曾跟隨哥哥詹姆斯辦過《新英格蘭報》，加上他本人又是一位文筆犀利、思維活躍的作家和技藝超群的印刷業主。所以，在報紙開辦後，富蘭克林同時兼任報紙的策劃、編輯、撰稿人、印刷商和發行人。另外，富蘭克林還有一大群「共讀會」的朋友對他鼎力相助。所以，這份報紙剛一出版就非同凡響，表現出了一些獨特的風格：印刷精美，版面活潑，內容豐富，文筆流暢。這些特點也令其很快在廣大市民中流行起來。不久，《公報》就奪去了布拉德福的《信使》報的大部分讀者。

客觀地說，富蘭克林創辦的這份報紙完全可以與當時倫敦赫赫有名的《觀察者》相提並論。該報一直延續了十八年，是現在的《星期六晚郵報》的前身。

（三）大眾雜誌

在《公報》問世後，富蘭克林的經濟狀況也大為改觀，逐步還清了以前為創辦印刷廠所欠下的債務。

但同時，富蘭克林還面臨著一個強硬的對手，那就是布拉福德。雖然富蘭克林的《公報》很成功，但布拉福德資金雄厚，在印刷業方面只是僱用零工偶一為之，他的大量收入來自報紙的廣告費。由於身任郵政局長，他也擁有優先獲得新聞的機會。所以人們覺得，在他的報紙上登廣台，效果會更好。因此，布拉福德報紙的廣告要遠遠多於富蘭克林的報紙。

在經過幾年的經濟和經驗累積，到一七四零年，富蘭克林準備仿效一七三一年創辦於倫敦的《紳士雜誌》，在費城首次創辦一份雜誌。然而布拉福德也在無意中獲悉這一消息，搶先於一七四零年十一月六日在其《信使》上宣布，他將於次年三月開始出版《美洲雜誌》。

富蘭克林見狀，也不示弱，於十一月十三日在《公報》上宣布，他的《大眾雜誌：美洲不列顛種植園歷史年鑑》將於次年的一月問世。

此後，富蘭克林與布拉福德之間便展開了一場爭辦美洲首家雜誌的賽跑，最後以布拉福德的《美洲雜誌》比富蘭克林的《大眾雜誌》領先三天出版而拉開序幕。

《大眾雜誌》的創刊號於一七四一年二月十六日出版，標註的日期是一月。然而，這場競爭的結局卻是以兩敗俱傷而告終：布拉福德出了三期月刊，富蘭克林出了六期，隨後便先後停刊了。

創辦雜誌失敗後，富蘭克林又將目光的重點轉向外地。其實早在一七三三年時，他就派他店裡的一名工人到南卡羅來納州的查理斯敦去開辦一家印刷廠。由富蘭克林提供一台印刷機和一些鉛字，並與這名工人簽訂了合夥合約。按合約規定，富蘭克林負擔在那裡營業的三分之一的費用，分享三分之一的利潤。

可是，這名工人不懂財務。儘管他也匯款給富蘭克林，但從不向富蘭克林匯報收支帳目。幾年後，這名工人不幸去世，由他的寡妻繼續經營那家印刷廠。

這名女子管理業務十分成功，並在合夥合約期滿後將印刷廠從富蘭克林手中買去，由她的兒子經營。

在南卡羅來納州合夥經營的成功，鼓舞了富蘭克林在其他地區開辦分店的想法。一七四二年二月二十日，富蘭克林與自己的一個工人詹姆士·帕克簽訂了一份合夥經營的合約，由富蘭克林提供設備運到紐約，並對在那裡的業務出三分之一的資金，分享三分之一的利潤，由帕克在紐約經營印刷出版業務。

隨後，在威廉·布拉福德退休後，帕克又接辦了他的《紐約雜誌》，並於一七四三年成為那一州政府的承印商、耶魯學院的印刷商，並於一七五五年四月十二日在設於紐黑文的印刷廠創辦了《康涅狄格雜誌》。不過，當時富蘭克林仍是帕克爾生意上的合夥人。

（四）合夥

在富蘭克林的合夥人中，還有他的兩位親屬，其中一位是他的哥哥詹姆斯的兒子。詹姆斯後來將他在波士頓的印刷廠遷到了新港。一七三六年，富蘭克林在返回波士頓探親時，與哥哥詹姆斯冰釋前嫌，詹姆斯還托富蘭克林在自己身後照料自己的兒子和家庭。於是，富蘭克林將侄兒小詹姆斯接到費城，送他上學，並在自己的店裡學徒。

一七四零年，哥哥詹姆斯去世。一七四三年，小詹姆斯七年學徒期滿後，富蘭克林便讓他帶著一批新鉛字回到新港，接替他母親經營的印刷廠，成為富蘭克林的合夥人。

另一個是富蘭克林姐姐的兒子，一七三二年出生的班傑明·邁克姆，在紐約帕克的印刷廠中做學徒。一七四八年，富蘭克林派他的幫工湯瑪斯·史密斯到中

（四）合夥

美洲安提瓜的聖約翰開辦了當地的第一所印刷店，並在一七四八年九月辦起了《安提瓜報》。一七五二年夏天，史密斯去世。八月，富蘭克林派班傑明．邁克姆接管了那裡的印刷和出版業務，成為自己的合夥人。

此外，在多明尼加、牙買加的金斯頓、北卡羅來納、喬治亞、費城附近的蘭卡斯特等地，富蘭克林都有合夥人。但他在一七四八年以後的合夥經營業務量並不大，與其說是為賺錢，倒不如說是為了鼓勵當地的印刷業和印刷商。

雖然富蘭克林在出版印刷業取得了很大的成功，但他卻非常注意在公眾心目中建立起一個勤勉的商人形象。

之所以如此，也因為富蘭克林有著他人的前車之鑑，那就是從山姆手中買去了印刷廠的大衛．哈里。

大衛．哈里曾經是富蘭克林的學徒，後來在山姆準備賣掉印刷廠時，他籌錢買下了印刷廠，自己去當老闆了。開始時，富蘭克林還擔心哈里會成為自己的一個強有力的對手，因為哈里在當地的親友有勢力也有能力。所以，他曾向哈里提出合夥經營，但遭到了哈里輕蔑的拒絕。

第八章　事業嶄露頭角

沒想到的是，哈里一當上業主後便驕傲自大起來。他穿著考究，生活奢侈，經常在外面花天酒地，根本不會管理印刷廠的業務。不久，他不僅負了債，還失去了許多原有的主顧。

最後，哈里也只能像山姆一樣，賣掉了印刷廠，回賓夕法尼亞務農去了。

與大衛．哈里完全不同，富蘭克林為了贏得商人的名譽和聲望，不僅克勤克儉，還十分注意自己的言談舉止。他穿著樸素大方，也從不去一些無益的娛樂場所，只是偶然因為讀書而耽誤一些工作，但這種情況也極少。他自己回憶說：

「為了表示我不以我的行業為恥，有時我把從紙店購得的紙張裝在獨輪車上，自己經由街道推回家。這樣一來，人們都紛紛認為我是個勤勞上進的青年。而且，我很守信用，從不拖欠款項，所以進口文具用品的商人巴不得我天天惠顧，別的商人也想委託我幫他們代銷書籍。」

第九章 《窮理查年鑑》

讀書是易事，思索是難事，但兩者缺一，便全無用處。

——富蘭克林

(一) 圖書館之父

除了認真經營印刷廠的生意之外，富蘭克林唯一的愛好就是讀書。而富蘭克林傳奇式的一生，的確也與書籍息息相關。書籍就像神話傳說中的一盞明燈，照亮了他前進的方向，引導他從偏僻黑暗的角落一步步走向光明美好的未來。

在交通不便、消息閉塞的殖民地時代，恐怕北美很難再找到比富蘭克林讀書更多的人了。由於生意繁忙，他沒有更多的時間專門讀書，讀書時間都是見縫插針，一點一滴累積起來，並長期堅持下去，鍥而不捨。

為了提高讀書效率，他不僅創建了「共讀會」，與會員們一起交流讀書體會，探討學術問題，還在一七四三年將美洲頗有名望的學者菁英匯集在一起，組織了北美第一個學術團體——「美洲哲學會」，主要從事醫學、數學、地理學、植物學以及人文科學的理論研究，開創了美洲學術研究的先河。

為了讓與自己經歷相似的人們都能盡情享受到讀書的樂趣，他將「共讀會」成員的書籍都收集起來，進行分類編目整理，供大家互相借閱閱讀。後來，他又自

（一）圖書館之父

己湊款購買了大量的書籍，並於一七三一年創辦了北美第一所公共圖書館，向那裡渴望讀書和學習的人們敞開了一扇通往知識寶庫的大門。為此，富蘭克林也被譽為北美的「圖書館之父」。

一七三二年這一年，對於富蘭克林來說是很有意義的一年，他創辦的圖書館正式運作，引起了良好的社會反響。但他並不滿足，而是希望能找到一種更為有效的手段，能夠讓他可以從世界的任何地方汲取智慧，攻克社會和自然界中的種種不解之謎，並給予人類以有益的忠告。

富蘭克林認為，這種行為的結果首先應對社會有利，當然同時也能夠給自己帶來顯著的效益。經過研究思考，在一七三二年底，富蘭克林終於從以「窮理查」的名義編寫的年鑑中找到了這一表達方式。

什麼是年鑑呢？

年鑑就是排列月、日、節氣等供查考的書，主要用來計算日期，也有人用它來解釋各種星相，甚至預測天氣和吉凶禍福等。在年鑑的邊角空白處，常常被當時的出版人插印上一些小詩、箴言和各種趣聞等，供讀者消遣。

在殖民地時代，年鑑是發行量最大的書籍，即使是沒有文化的家庭，也少不了它。一本暢銷的年鑑可以令編印者一夜走紅，財運亨通。在費城，布拉福德多年來都在出版泰坦·里茲的《美洲年鑑》。而富蘭克林不僅出版過社友湯瑪斯·哥德弗雷從一七二九年到一七三一年的年鑑，還出版了約翰·傑爾曼從一七三一年和一七三二年的年鑑。

經過精心的籌劃，富蘭克林決定出版自己的年鑑。一七三二年十二月十九日，富蘭克林的《窮理查年鑑》正式付梓，每冊售價五便士。

新書一上市就被搶購一空，短短三個星期內，《窮理查年鑑》就被加印了三次，發行數量遠遠超過其他年鑑。很快，這本書的售價就漲到了十便士，但仍然供不應求。可以說，它是出版兼編纂者富蘭克林超凡才智的證明。

(二) 窮理查本人

《窮理查年鑑》中的「理查·桑德斯」這個名字，可能是被富蘭克林視為慈父

（二）窮理查本人

的老商人德納姆的記帳簿上找到的，也可能是在茫茫人海之中信手拈來。總之，他是個在人群中隨處可見、但又實際並不存在的虛構人物。而書名中的「窮理查」則可能是借鑑了他哥哥詹姆斯在新港發行的《窮羅賓年鑑》。但《窮理查年鑑》中所蘊含的精神及其幽默感，則是富蘭克林自己創造出來的。

在《窮理查年鑑》的開頭語中，「理查」便以一種質樸坦誠的口吻向世人宣告了自己的存在：

為了讓大家喜歡我，在此我直言相告，除了為公益之外，我寫年鑑別無他圖。但是，這樣做將是不誠實的。如今的人都絕頂聰明，不會被浮誇之語所矇騙。實際的情況是：我非常貧窮，而我那賢惠的妻子又十分粗暴。她說，當她坐在紡車前紡紗時，我卻呆呆地數星星，這讓她無法忍受。她還威脅說，如果我再不利用我的書和工具做點對家庭有用的事，她就將它們通通燒掉。後來，印刷商向我提供了可觀的一部分利潤，於是我就開始依照我妻子的願望來編纂這部年鑑了。

到了第二年，「窮理查」則在書中為他賺到了錢而致謝。他說：

第九章　《窮理查年鑑》

我的妻子得到了屬於她自己的鍋，再也用不著找鄰居借了。我們也有了自己的東西放進鍋裡去了……這些都讓我妻子的脾氣比以前平和了許多，我也可以睡更多的覺：去年一年比前三年加起來還睡得多。

富蘭克林虛構的「窮理查」夫婦的身影和聲音時常出現在這部年鑑當中。他們時而爭吵，時而又相互打趣，與年鑑的內容巧妙地結合在一起。「窮理查」甚至還曾對公眾中有認為沒有這個人的看法表示不滿，他說：

要想剝奪我的存在，讓我在公眾的心目中化為烏有，這是不友善的處世方法。但只要我自己知道我在到處行走，在吃、在喝、在睡覺，我就心滿意足了：確確實實有我這麼個人存在著。

這種詼諧幽默、生動有趣而又平易近人的編寫手法，在當時可謂獨樹一幟，因而也令《窮理查年鑑》贏得了人們的青睞。

很快，「窮理查」就成為整個費城以及賓夕法尼亞街頭巷尾談論的熱點人物。他那坎坷無定的身世牽動著千千萬萬善良人敏感的神經，他那詼諧有趣、內涵深邃的連珠妙語也成為勸誡人們回心向善、積極進取的警句豪言。「窮理查」的境遇時常變化，夫妻間的口角和調笑也不斷出現，這更加增添了人們的閱讀興趣。

就這樣，這部年鑑一年不間斷地出版，形成了有始無終的長篇系列，最後彙集成為一部膾炙人口、豐富有趣的世界名著。

（三）公益事業

富蘭克林編纂這部年鑑的用意之一，還在於他認為這是「在普通人民中間進行教育的一種恰當工具」。因此，在年鑑中，他還將一些成語、箴言等印在重要日子頁面的空白處。這些成語和箴言主要是教導人們將勤儉作為發財致富，並獲得美德的手段。比如：「一個今天勝過兩個明天」，是在提醒人們把握現在，不要虛度光陰；「樹不愁大，力不愁小，砍個不停，終能砍倒」，「涓滴不息，可以穿石」，是教導人們做事應堅持不懈；「人不能占有財富，是財富占有人」，「貪婪和幸福從未相見，永不相識」，是告誡人們不要對錢財過分貪心。

此外，還有一些是講述為人處世的經驗和哲理的，比如：「善待朋友可以擁

第九章　《窮理查年鑑》

有朋友，善待敵人可以爭取敵人」；「哪裡有缺乏愛情的婚姻，哪裡就有不是婚姻的愛情」；「富人不浪費，浪費非富人」；「兩個律師中間的農民如同兩隻貓中間的一條魚」；「沒有醜陋的愛情，也沒有漂亮的囚犯」等等。

這些有趣而意義深刻的語言中，蘊含著淺顯樸實的真理和智慧，與人們的日常生活息息相關，因此《窮理查年鑑》和一七四八年以後出版的《窮理查年鑑修訂本》大受歡迎，在長達二十五年的時間中每年都要銷售一萬冊以上。一直到一七五七年，富蘭克林受委託趕赴倫敦為北美的權利進行交涉，他才不得不忍痛結束了這部年鑑的編撰工作。而此時，該書早已風靡歐美，受到了廣泛的關注和讚譽。

在歐洲，各家報紙都對《窮理查年鑑》紛紛予以轉載，讀者踴躍。尤其是西歐的一些國家，處處可見到印刷在張貼畫上的「理查」的格言，各界人士競相購買不同譯本的年鑑，作為饋贈親友的有意義的禮品。在英屬北美各殖民地，這本年鑑更是家喻戶曉，成為千家萬戶不可或缺的精神食糧和生活必需品。

《窮理查年鑑》的成功，不但給富蘭克林帶來了巨大的社會聲譽，還給他和費城的居民帶來了不少經濟上的實惠。而且，由於該書勸導人們不要購買無用的奢侈品，經濟界的人士認為，它對於促進本地區財富的增加造成了一定的作用。

同時，由於該書印數的不斷增加，也給富蘭克林的印刷廠帶來了巨大的利潤，促進了印刷廠業務的擴展。這不但讓他獲利豐厚，還讓他找到了新的生財之道。

由於印刷年鑑需要大量的紙張，富蘭克林創辦了幾家專門生產新聞紙的造紙廠，合作的夥伴就是富蘭克林早先的夥伴，從北卡羅萊納返回費城的休·梅勒迪斯，還有那位曾將富蘭克林準備辦報紙的消息洩漏出去的喬治·韋伯。他們與富蘭克林建立起了合作關係。富蘭克林向他們提供造紙的原料，他們則向富蘭克林提供優質的紙張和一部分利潤。

「窮理查」的成功，讓富蘭克林在印刷出版業聲名鵲起，實力大增，越來越多的人都爭相閱讀這位費城驕子的書刊和報紙。

一七四三年，富蘭克林的主要合夥人戴維·霍爾先生來到費城，富蘭克林將印刷廠的事務就全部委託給他負責。這樣，富蘭克林就無需事必躬親了，他也可以騰出更多的時間和精力進行一些科學研究，從事為公眾服務的事業。

這一年，富蘭克林剛好三十歲，而立之年的他開始將立足點從私人事業逐漸轉向為公眾謀取利益的公共事業上來。這是富蘭克林人生經歷之中的一個重要轉折點，他開始由此步入社會的上層，躋身於官宦政要的行列之中。

第十章　對費城的貢獻

學而不能致用的人是一頭背著書的牛馬。蠢驢是否知道牠背上背著的是一堆書而不是一捆柴？

——富蘭克林

(一)邁向公職

一七三六年，富蘭克林憑藉自己的影響力和才華當選為賓夕法尼亞州議會的文書，從此正式涉足政治生活。

文書工作的薪水雖然不高，但責任重大。不過，富蘭克林依靠自己的能力很快就在議會中樹立起良好的聲譽和威望，並逐漸發揮了重要作用。這一工作不但讓他得以承攬了全部政府的公文和法律文件的印刷出版業務，還讓他有機會更加廣泛地與政府要員和政界接觸，大大擴展了他的社會活動領域。

當然，在政界中也難免會遇到一些反對他的人和令他不快的事，對此，富蘭克林採取一種很達觀的態度。他說：

「對於敵對行為，與其為之煩惱、報復或僵持，不如慎重轉移自己的感情，其益處自不待言。」

例如，當他知道有一位議員極力反對他翌年繼續擔任州議會文書時，他並沒有憤怒不安，而是設法與其結交，以改變這位議員對自己的偏見。他託人向這位議員借一本很珍貴的書，看過之後又將讀書體會和表示感謝的信函一併奉還。這位議員覺得富蘭克林具有不計前嫌的氣度和出眾的才華，很快便轉變了態度，主張次年依然由富蘭克林擔任文書一職。

在這一職位上，富蘭克林兢兢業業，恪守盡責，一直工作了十六年之久，直至被選入議會為止。

（一）邁向公職

由於富蘭克林辦事幹練，為人正直，一七三七年，他被任命為費城郵政局的局長，取代了布拉福德的職位。富蘭克林上任後，對郵政工作進行了全面的整頓，不僅讓各項業務都井然有序，還提高了工作效率，增設了新的郵政項目，開拓疏通了郵路，加強了與周邊地區的郵政聯繫，形成了一個以費城為中心的郵政網絡，並設法加強與世界上一些大中城市的郵政聯繫。

這一系列的整頓和改革很快就收到了顯著的效果，不僅為廣大市民提供了郵政方便，還讓郵政局的利潤逐年遞增。當然，這一職務也毫不意外地給富蘭克林的印刷發行業務帶來了極大的便利。

此時的富蘭克林已經承擔起許多重要的使命了，但他依然精力旺盛，從未因

第十章　對費城的貢獻

工作繁重而感到疲倦。剛來費城時，他一無所有；而依靠自己的聰明才智和努力拚搏，他終於從社會底層脫穎而出。在這一過程中，他已經不知不覺地將自己的命運緊緊地與費城聯繫在一起，在改變自己命運的同時，也在改變著費城的面貌；而費城的興盛，也將他一步步推向輝煌的頂點。

在當時，費城是一座火災頻發的城市，但當局的消防工作卻存在著致命的漏洞：防範不嚴格和滅火措施不得力。對這個問題，富蘭克林還專門組織「共讀會」成員進行了討論。在取得一致意見後，他在《賓夕法尼亞報》上匿名發表了一篇名為《城鎮防火》的文章。

同時，在富蘭克林的號召和組織之下，一支三十人組成的志願消防團體建立起來，消防隊員還配備了各種滅火的工具，如皮桶、口袋、繩索和裝運物體的籃子等，並實行輪流值班制度，常備不懈。

不久，在富蘭克林的帶領之下，費城陸續建立起數支聯合消防隊。而富蘭克林最先組建的那支消防隊名叫「聯合消防隊」也一直活躍地保存下來。隊員還要出席每月的例會，如果缺席，還要繳付小額的罰金，這些罰金則用來購置滅火機。

（一）邁向公職

自從組織了這些消防隊伍以後，費城再未發生過大的火災，一般在起火的房屋燒掉一半以前，火便被撲滅了。至此，費城的消防工作走到了世界的前矛。

除了組建新的救火隊，富蘭克林還改革了費城原有的治安制度。當時，城市的治安是長期以來困擾著費城居民的一個嚴重問題。最初，費城的治安由城內各區的警官輪流負責，警官會預先通知若干名戶主在夜裡隨他一起巡邏，不願巡夜的人每年可交納六先令的費用，用以僱人代之巡夜。

但是，這些交納的費用往往要多於實際所需。這種情況也令費城的警官之職成為一個肥缺，而警官又常常會花一點小錢或給一點酒找一些乞丐無賴去巡夜，這些人根本不會認真巡夜。所以，費城的治安工作根本就是徒有虛名，盜竊和其他犯罪行為時有發生。

針對這一情況，富蘭克林在「共讀會」上提出了一種治安制度，其基本內容是僱用適當的人管理治安，並採取按財產的比例課稅的辦法來公平分攤治安費用，「因為一個窮苦的寡婦戶主的全部需要保護的財產也許不超過五十鎊的價值，而她所付的巡夜費卻與一個倉庫中儲蓄著幾千鎊貨物的大富商完全一致」。

這一提議再次得到與會者的贊同，於是，他們以「共讀會」的名義向當局正式提出。這一提議雖然沒有馬上實行，但富蘭克林和「共讀社」的活動卻在人們的思想上為這一制度的變革進行了準備。經過幾年的努力，這一提議最終以法律的形式在費城得以實施。

（二）大覺醒

在十八世紀三四十年代，北美殖民地興起了史無前例的基督教復興運動，史稱「大覺醒」。從本質上來說，它是一場爭取宗教自由的運動，沉重地打擊了殖民地的官方社會，擴大了宗教信仰的自由，促進了北美殖民地民主化的進程。與此同時，它也解放了人們的思想，進一步加強了英屬北美殖民地之間的聯繫與溝通。這些，都為日後美國的獨立運動作好了精神準備。

「大覺醒」運動的倡導者是英國聖公會的牧師喬治·懷特菲爾德。從一七三九年開始，懷特菲爾德就開始在北美各地巡迴佈道，產生了巨大的反響。但是，費

（二）大覺醒

城教友卻將不允許他登臨講壇。肩負使命的懷特菲爾特並不退縮，每天在露天廣場上宣講傳教。他將「靈魂自由」作為一面旗幟，將陳腐的宗教教義變成一種民主主義理論。他宣稱，他要為一切人的得救而祈禱，而上帝的拯救將會降臨到每個人身上。

富蘭克林生性崇尚自然，對任何傳教士的佈道都沒有興趣。但一個偶然的機會，富蘭克林在廣場上聆聽了懷特菲爾德的演說，一下子就被這位牧師非凡的氣質、美妙的嗓音和極具震懾力的演說內容吸引住了。

在演說中，懷特菲爾德正義凜然地怒斥宗教專制和暴虐，反對官方教會的繁瑣儀式和教義，主張宗教自由和信仰自由，突出人性的理智。

懷特菲爾德的演說讓富蘭克林深受感動。很快，兩人就成為莫逆之交。此後，富蘭克林經常向懷特菲爾德請教有關宗教和社會等方面的問題，懷特菲爾德侃侃而談，其虔誠而開明的思想主張令富蘭克林深深折服。

有一次，懷特菲爾德表示要為喬治亞州的孤兒修建一所孤兒院。但富蘭克林認為，在經濟狀況較好的費城建立這樣的孤兒院更合適，因此不打算資助懷特菲爾德的這一計劃。

然而幾天後，當他聽到懷特菲爾德牧師為實現這一計劃而作的募捐演說時，他被深深地感動了，遂改變了的想法，出資幫助懷特菲爾德。對於這件事，他在自傳中這樣寫道：

「……隨著他的娓娓講述，我的心軟了，決定把銅錢獻出來；等他講到另一個激動人心之處時，我為我原來的想法感到羞恥，又決定把銀元捐獻出來；而他的結束語講得那麼精彩絕倫，於是我決定傾其所有，把金幣、銀幣和銅幣全部掏出來，放進他的募捐盤裡。」

不久，富蘭克林為這位「大覺醒」運動的傑出領袖出版了佈道集，並與當地上層社會的人物們透過募捐的方式籌集資金，修建了一座堪與倫敦威斯敏斯特教堂相媲美的宏偉壯觀的大教堂，以供懷特菲爾德和其他教派的教士傳教之用。而且，為了管理好這座大教堂，各個教派的代表還共同組建了一個託管委員會。富蘭克林不屬於任何教派，但由於他熱心地倡導並參與了教堂的修建工作，遂被推舉為該委員會的代表。

雖然懷特菲爾德沒有令他的密友和支持者富蘭克林皈依他的教派，但富蘭克林的確從懷特菲爾德的身上學到了為人類自由和民主事業奮鬥的大無畏獻身精神，以及充滿理性的感召力、富有激情的演講才能。這些，對於他以後從事各種社會公益事業和政治活動是大有裨益的。

（三）保衛家園

一七三九年十月，由於英國在西班牙領有的美洲殖民地走私而與西班牙發生衝突；一七四四年，英國同法國又因為奧地利王位繼承問題而處於戰爭狀態。

在一七四七年以前，這兩場戰爭都沒有波及到賓夕法尼亞境內，因為它北部的殖民地擋住了加拿大境內的法國人，南面的殖民地則擋住了佛羅里達和加勒比地區的西班牙人。雖然敵人的艦艇在沿海巡弋，但沒有從特拉華河逆流上行到費城。

直到一七四七年七月，法國和西班牙的私掠船才在海灣出現，這讓費城的人們開始恐慌起來。當時的費城沒有任何軍事裝備，費城的富商們也不願出錢在保護自己財產的同時還要保護那些貧窮的民眾和教友會教徒的財產。總督湯瑪斯企圖說服州議會透過一項民兵法和採取保障本州安全的措施，但全然無效。

在這種情況下，富蘭克林放下正在研究的電學實驗，挺身而出。他與「共讀社」中的威廉．科爾曼、美洲哲學學會的湯瑪斯．霍普金森及首席法官等人談話，獲得他們的一致支持，由富蘭克林匿名撰寫文章抨擊教友會和富有的大商人，呼籲全體人民此時應該團結一致，保衛自己的家園。

十一月十七日，富蘭克林以一個不具名的商人身分出版了一本名為《一個費城商人寫的平凡的真理》的小冊子。在這本小冊子中，富蘭克林用通俗易懂的語言告訴民眾，費城實際上可能會腹背受敵，因為除了海上的敵艦之外，法國人還可能會唆使附近的印第安人從背後進攻費城。只有在海上繼續經商，在陸地上保衛生命財產的安全，才符合全體民眾的利益。

同時，富蘭克林還在這本小冊子裡抨擊了不肯出錢的富有的商人，將他們比喻成「拒絕抽乾正在下沉的船中之水，因為船上有一個自己痛恨的人也將和自己

（三）保衛家園

一道獲救」的人。他積極呼籲「城裡的中產階級、農民、小店主和工匠」應立即行動起來，做自己應該做的事。如果他們的領袖不願意行動，他們自己也應該行動。同時他還稱自己有一項計劃，只要大家願意聽，幾天之內他將公諸於眾。

這本小冊子一經出版，費城人民尤其是下層民眾紛紛響應。三天後，富蘭克林召開了一次預備性會議上，到會的有一百多人，多半都是工匠。在會上，富蘭克林將成立民團的計劃向與會者宣讀了一遍。

不料他的話音剛落，聽眾已經準備好馬上在條款上簽字表示擁護了。但富蘭克林認為，還是應該再徵求一下富商紳士們的意見更為穩妥。

一週後，富蘭克林再次召開大會，這次的到會者內有城內最主要的紳士和富商。在富蘭克林的勸說和動員下，自願加入民團的紳士和富商在文件上簽了名。

短短兩週時間，民團的人數就已經達到了一萬多人，遍佈全省各地。民團中的戰士都紛紛把自己武裝起來，編成連隊和團隊，還選出自己的長官，每週集合訓練一次。費城聯隊的軍官推舉富蘭克林為上校，但富蘭克林自認自己沒有這個能力，另外舉薦了一個人。

第十章　對費城的貢獻

富蘭克林還提議發行獎券，以集資在城南修築堡壘，裝配大砲。由於費城缺少重機槍，他又派人從波士頓購置了三十九挺重機槍，同時還向倫敦訂購了大砲。

由於從倫敦訂購的大砲要次年春季才能到貨，而這時私掠船行將到來的風聲日益緊迫，民團派包括富蘭克林在內的四人使團出使紐約，向紐約總督告借。經過富蘭克林的勸說，紐約總督借出了十八門品質上乘的火炮。

時間不長，這十八門大砲連同炮架從紐約運回費城，裝在炮台之上。富蘭克林與其他戰士一樣，積極在民團中服務，像一名普通士兵一樣按時輪班值勤。

在這一時期中，賓夕法尼亞州的防務活動與年輕的富蘭克林的名字是緊密相聯的，富蘭克林幾乎成為賓夕法尼亞州的風雲人物。儘管他拒絕了一七四八年議會選舉的提名，但地方上的各個階層仍然抓住他不放。他回憶說：

「我們政府的各部門幾乎同時地要我為他們效勞：總督任命我為治安推事；市政府選舉我擔任市議會議員，不久後又選我為市參議員；一般市民又選為我為州議會議員。」

不論此時的富蘭克林多麼心繫他的電學實驗，他還是身不由己地參與到地方的政治事務當中。

(四)賓大成立

英西戰爭結束後，富蘭克林心中早已有了的一個願望開始愈來愈強烈的湧動起來，那就是在賓夕法尼亞州創辦一所學校。早在一七四三年時，富蘭克林就曾提議創辦一所高等學府，但沒有成功。這時，他決心實現這一願望。

要實現這個願望，首先就是聯絡朋友中一些有志於此的人共同完成這一計劃，其中相當大的一部分都是「共讀社」的成員；接著，富蘭克林編寫出版了一本名為《有關賓夕法尼亞青年教育的建議》的小冊子，並將它們免費贈送給城中一些有錢有地位的人。

在這小冊子中，富蘭克林非常嚴肅地表示，第一批移民中有很多人都在歐洲受到過良好的教育，但殖民地的教育卻被忽視了。而現在，已經到了應該彌補這一疏忽的時候了。因此他提議：應由有閒暇並富有公益精神的人集資創辦一所學院，以發展和提高賓夕法尼亞州的教育。

同時，富蘭克林還描述了他理想之中學校的樣子：首先，學校應該具備合適的校舍，「最好能距離一條河不遠，有一所花園、果樹、草地，有一兩塊田地」，而最為理想的應該是有一所圖書館，藏有「各國的地圖、地球儀、一些數學儀器、一套供自然哲學和機械學實驗用的儀器，以及各種出版物，包括風景、建築物、機械等等」；學校裡的學生應「樸素、有節制和節儉地集體進餐」，並能夠「經常進行體育鍛鍊，如跑步、跳躍、角力和游泳等」。

至於學生的學習內容，富蘭克林認為，最好能夠讓他們學到一切有用的知識和一切有美化作用的知識。但學問長，時間短，因此建議他們學習那些可能是最有用和最能造成美化作用的知識，學習內容應與他們未來可能從事的若干職業相聯繫。

對於學校的教師，富蘭克林認為，他們應該精通「算術、會計和幾何、天文的基本原理……英語課能夠講授語法；在這方面，一些最好的作家應該是第一流

(四)賓大成立

的。……還應能夠講授閱讀,他們的發音應適當、清楚,有所強調,而不是用平淡的語調,那會不足以表達文中的含義;也不要用舞台上用的語調,那樣顯得太矯揉造作」。

另外,學生還應該閱讀各種自然史、商業史和「關於技術發明、製造業的興起,貿易的進步、其所在地的變化及其原因等等」的歷史,而「在他們讀自然史時,難道不可以學習一點園藝、種植法、移植法和嫁接,不可以不時地短途旅行到鄰近有最好的農民的種植園去,觀察並瞭解他們的勞作方法以利於青年的知識培養嗎?」

最後,富蘭克林還強調:

「應該堅持不懈地將全體學生教育和培養成為具有表現為尋找和抓住每一個機會去服務、去盡職的仁慈寬厚之心——這是被稱作良好教養的基礎」。

富蘭克林所著的這本小冊子,主要是為八到十八歲的青少年定製的教育思想和教學內容,其實質是對當時流行的刻板而又循規蹈距的學校教育制度的挑戰和批判。富蘭克林的這些教育思想,主要來自於他本人的親身經歷和北美殖民地仍

第十章　對費城的貢獻

處於開發階段時對人才的實際需要，因此也代表了當時最先進的美洲人眼光。但遺憾的是，這種教育體制在當時還是難以實現的。

小冊子散發出去後，富蘭克林便開始為創辦這樣一所學校積極募捐和奔走。捐款人推選出了董事，並指定富蘭克林和首席檢查官法蘭西斯起草學院的組織章程。同時，富蘭克林和他的朋友們還忙於租校舍、請教師等實際性的籌辦工作。

經過近兩年的努力，一七四九年十一月三日，包括二十四名董事的學院董事會成立了，富蘭克林被推選為該校的校長，這一職位他一直擔任到一七五六年。一七五一年一月七日，學院正式開學了。後來的賓州大學就是這樣創立起來的。

就這樣，這位年輕而機敏的印刷工在勤勞艱苦的工作和學習中逐漸成熟起來，開始步入他生活中的一個輝煌時期，為費城作出了許多不朽的功績：創建了北美第一家公共圖書館，組織了北美第一個哲學會，創辦了第一流的報紙、雜誌，創立了北美第一支消防隊、專職警察機構、民兵自衛組織和學院，並在郵政和路政建設等事業中大放異彩。

第十一章　揭開電的祕密

我之所以為我，完全由於我的工作；我一生從不吃一塊不由自己的血汗換來的麵包。

——富蘭克林

（一）被電吸引

富蘭克林從少年時代開始就十分熱愛自然科學。他勤奮好學，善於思考，遇到問題時總是喜歡追根問底。他涉獵的研究領域相當廣泛，對天文、地質、生物、機械、化工、醫學和光學等學科都有著濃厚的興趣。但由於商務和政務活動繁忙，他難以坐在實驗室裡潛心從事科學研究。

不過，這並沒有阻止他對自然科學的熱愛。他經常將遇到的各種問題和有趣的現象記錄在本子上，一有空就動腦動手，進行一些有意義的發明創造。

例如，富蘭克林曾在兒時發明了一種調色板式的游泳加速器；在凱姆印刷廠時，他研究製造了銅版印刷機；在《窮理查年鑑》中，他加入了許多有關天文曆法的研究內容；他還發明製造了一種被廣泛推廣使用的「富蘭克林火爐」等等。雖然這些都是零零碎碎的小發明創造，但卻解決了生活中的許多實際問題，也顯示出富蘭克林作為一個自然科學家的巨大潛質。

早在公元前六百年左右，古希臘的一些哲學家就發現，摩擦過的琥珀可以吸

(一)被電吸引

引細小的物體。這說明,人類對電和磁的認識由來已久,但對於電和磁的系統研究卻是十七世紀以後的事了。

一七三一年,英國科學家格雷首次發現了有些物體能傳電、而有些物體則不能的現象,這樣就粗略地將導體和絕緣體區別開來。同時,格雷還注意到尖端放電現象,從而開始猜測:電火花和雷電是不是一樣的東西?

一七三四年,法國科學家查爾斯.杜菲發現,將摩擦後帶電的兩根琥珀棒或兩根玻璃棒懸掛起來後,它們會出現互相排斥的現象;可是,將帶電的琥珀棒與帶電的玻璃棒接觸後,它們就會彼此吸引;而如果令它們互相接觸,二者還將失去電的性質。由此,杜飛得出結論:電可以分為「琥珀電」和「玻璃電」兩種,而且同性相斥,異性相吸。

到了一七四五年,荷蘭萊頓大學的穆森布羅克和德國的克萊斯特又各自發明了後來被稱為「萊頓瓶」的蓄電池的最早形式;同時,格里克發明的靜電起電機也在十八世紀獲得了改進,它透過連續轉動的摩擦隨時可以方便地得到靜電。

這兩項電學儀器的發明,令許多科學家可以得到並積蓄電以供進行一些電學

第十一章　揭開電的祕密

現象的觀察和實驗。不過，那時的人們對於萊頓瓶的瓶體本身（玻璃）、水和金屬線在起電與放電過程中起什麼作用還一無所知。

一七四六年夏，富蘭克林返回波士頓探望母親，同時也為祭奠辭世一週年的父親。回到家後，他發現家中早已修葺一新，擺上了考究的家具，但由於沒有了堆積如山的皂燭，富蘭克林感到有些陌生，於是便到街上閒逛。不曾想的是，富蘭克林在街上一下子就被來自英格蘭的阿奇博爾·史賓賽博士精彩的魔術吸引住了。

史賓賽博士的所謂魔術，其實就是最簡單不過的電學實驗：他用摩擦生電的玻璃棒令彩色的紙屑翩翩起舞，用簡陋的發電裝置發出絢麗奪目的火花，當場擊斃活蹦亂跳的母雞，或者點燃遠處的酒精燈……這樣一個個驚險的節目表演令周圍的圍觀者目瞪口呆，不時地爆發出熱烈的喝彩聲和驚呼聲。

富蘭克林自然不會像那些圍觀者一樣，但他的確被電的巨大魅力深深懾服了，並由此產生了許多想法和疑問：電到底是如何產生的？「玻璃電」與「琥珀電」有什麼區別？電火花和閃雷是同一種東西嗎？……

帶著這些思考，富蘭克林親自拜訪了史賓賽博士，並與史賓賽博士進行了徹夜長談，隨後他又花大價錢買下了史賓賽博士所有的電學實驗儀器和表演道具。

母親對富蘭克林的行為十分不解，對此，富蘭克林認真地對母親解釋說：

「電是一種神奇的天賜之火。有了它，人間就會像天堂一樣，充滿了光明。」

（二）解釋電學

富蘭克林將這些實驗儀器運到費城，然後便如法炮製地進行史賓賽博士的「魔術」，觀眾就是「共讀會」和「哲學會」的成員，還有他的一些好友和工人等。他們都對那美麗的電光和它產生的神奇力量驚嘆不已，並認為這一研究必定前途無量，因此紛紛以各種方式支持富蘭克林的工作。技術嫻熟的銀匠辛恩還設計出一台機器，這大大地減輕了富蘭克林在進行摩擦生電時的勞動強度。

不到幾個月，富蘭克林就從實驗中得到了不少新發現，解決了當時電學中急待解決的問題——「萊頓瓶」的作用和原理。從中，富蘭克林得出了極為重要的結論：

「電火花並不是由摩擦產生的，而是被收集起來的。電的確是一種在物質中瀰漫著的，又能為其他物質，尤其是水和金屬所吸引的基本要素。」

同時富蘭克林還認為，「電火是永遠不會被毀滅的」，「萊頓瓶」的全部力量和它的受震的威力都在瓶子的玻璃中間。至於與瓶子內外兩面相接觸的金屬片，只能盡到發出電和收受電的功能。換句話說，電是從瓶子的一面發出，從另一面收受，即：電是一種在平常條件下以一定比例存在於一切物質中的要素。在富蘭克林看來，電就是一種單純的「流質」。

透過實驗和結論，富蘭克林初步解答了電是從何而來以及「萊頓瓶」的作用等問題，否定了在此之前科學家們關於「萊頓瓶」之所以能夠發生強烈的放電是由於瓶中之水或金屬箔金屬線所致的推測。也就是說，富蘭克林將「萊頓瓶」實驗的神祕面紗揭開了，並將其置於一個可為人們所理解的科學基礎之上。

富蘭克林的這個結論為十九世紀法拉第對電介質所作的進一步研究奠定了基礎。

（二）解釋電學

經過研究，富蘭克林又認為：既然電是一種單純的「流質」，那當玻璃受到摩擦時，電就會流入玻璃中，使它帶「正電」；而當琥珀受到摩擦時，電就會從琥珀中流出，使它帶「負電」。於是，富蘭克林就相應地將「萊頓瓶」內外兩面的電荷正式定名為正電與負電，或陽電與陰電，並用正號「+」和負號「-」來表示它們。

這是電學史上的一個創舉，富蘭克林也成為世界上第一個使用正電和負電概念來解釋電學實驗的人，從而為電荷守恆定律的發現奠定了理論基礎。同時，他對「萊頓瓶」的研究也使科學界正確地瞭解了它的作用，並認識到了絕緣體在電學中的重要作用。一七八八年，法國科學家庫倫發現電荷之間相互作用力的著名定律，就是從富蘭克林的這一研究概念出發的。這是富蘭克林在電學史上的一大出色貢獻。

一七四九年，富蘭克林又在上述結論的基礎上提出了著名的「一流論」（「單流質說」的電學理論），反對杜飛將電分為「玻璃電」和「琥珀電」兩種截然不同的流體的「二流論」（「雙流質說」）。

富蘭克林認為，所有的自然物體中都含有電，電只有一種，物體所帶的正負電取決於其含電太多或含電太少。當物體中所含的電超過了正常含量，即電太多時，這種物體就起了正電；相反，如果少於正常含量，即電太少時，物體就起了負電。電雖然能用正負符號來表示，但不能把它們看作是截然不同的兩種流體。這也是電學史上第一個明確的、前後一致的電學學說。

鑑於富蘭克林在電學研究方面所做出的傑出貢獻，他的名字被國際物理學界命名為公認的電量單位——若一個電荷處於真空中，在距離一釐米處有一個帶同種電的點電荷，當它們之間的相斥力為一達因時，則該電荷的電量規定為一富蘭克林。一富蘭克林就等於現在通行的電量單位庫倫的三分之一。

(三) 觀察雷電

在進行了大量的電學實驗之後，富蘭克林其實已經走到了他對大氣電學作出重大發現的邊緣。不過，富蘭克林並沒有因取得的成績而沾沾自喜。在給朋友的

（三）觀察雷電

信中，他抒發了一個科學家勇攀高峰的精神和虛懷若谷的氣度：

「……在進行這些實驗時，我們建立了多少很快就被自己發現不得不摧毀的美妙體系啊！如果沒有發現電的其他用途，這一點無論如何都不能忽視，即它能夠有助於使一個驕傲的人變得謙虛……」

在當時，雷電這種具有巨大破壞性的可怕的自然現象的本質是什麼，對人們來說還是一個謎。那時比較流行的看法認為它是「上帝之火」，是天神在發怒；也有人猜測雷電是一種毒氣在天空爆炸。

為了弄清雷電的性質，富蘭克林決定進行一次偉大而危險的嘗試。

就在富蘭克林從電學實驗中得出「單流體說」結論的同時，一七四七年七月十一日，他就已發現「尖形物體在吸入和放出電火上的神奇效果」了。此後，費城的一些公共事務占去了他一段時間。到一七四八年九月二十九日，富蘭克林從商務活動中脫身，並遷入新居，此後的生活如富蘭克林自述的那樣：

「我將不再有其他的任務，只願自由自在地想從事並享受被我視為莫大幸福的東西：有閒暇去讀書、研究、做實驗，同那些願意尊稱我是朋友或熟人的那些才華橫溢、可敬的人進行廣泛的交談。」

經過一系列的實驗研究，一七四九年十一月七日，富蘭克林在他的實驗記錄中寫道：

「……電的流質同閃電在這樣一些方面是一致的：發光；光的顏色；彎曲的方向；迅疾的運動；由金屬而發生；有爆炸聲；存在於水或冰中；撕裂或震動透過的物體；擊斃動物；熔化金屬；使可燃物著火；具有硫磺味。電流質被尖狀物體吸引。我們不知道雷電是否具有這一特性，但鑑於它們在所有我們已經作過比較的各方面都相一致，它們可能在這一點上也是一致的。不過，還是讓我來做一做這個實驗吧。」

富蘭克林的這一決定並不只是出於一時心血來潮，他的目的是要解決雷電的性質這一科學論題，以便讓真理造福於人類。因為關於「尖形物體在吸入和放出電火上的神奇效果」的說法曾令他浮想聯翩，由此還產生了製造避雷針的念頭。

他在給友人柯林斯的信中說：

「如果能證明事情的確如此的話，那麼，是否可以把這一知識用於為人類服務，以便保護房屋、教堂、學校及船舶等免遭雷擊呢？其辦法就是在這些建築物的最高處安放一個形如針尖的鐵條，為了防鏽，這種鐵條應該鍍上金。在鐵條的底部連上鐵絲，從建築物的外面通到地面，或者繞在船上的支桅索而下，從船邊延伸到水中。這似乎有些異想天開了，但目前請讓它得到傳閱，直到我寄來詳盡的實驗報告。」

這是富蘭克林最早的關於避雷針的建議。

（四）吸引雷電

一七五零年七月二十九日，富蘭克林透過柯林斯正式公開向英國皇家學會提議進行證明雷電是電的實驗。而在這之前的九個月，富蘭克林自己已經決定要做這個實驗了。同時，他還詳細地介紹了實驗的方法：

「在某一處高塔或塔尖上放置一種守望棚，大小足夠容納一個人和一個電座。在電座中央豎立一根鐵竿，將這根鐵竿彎起來通到門外，然後再垂直豎起二十到

第十一章　揭開電的祕密

三十英呎高，頂端十分尖銳。如果電座保持乾淨和乾燥，人站在座上，當雷雨雲經過時放出電和火花，鐵竿就會把火從雲中吸向他。如果擔心人有危險（雖然我認為沒有危險），可讓他站在棚裡的地板上，不時地用金屬線圈去接近鐵竿。金屬線圈的一端要有皮帶，他用一根蠟做的把握著它，那鐵竿在受電後就會從鐵竿傳往線圈而無害於人。」

當時的富蘭克林還不清楚這種實驗的巨大危險性，只是憑藉想像力認為這樣是沒有危險的。然而抑制不住的衝動讓富蘭克林在一七五零年聖誕節的前兩天做了一次實驗，差點釀成一場慘劇。

那天在實驗中，富蘭克林準備用兩只大玻璃缸中引出的電殺死一隻火雞，當他「一隻手在聯接著的頂部電線上，另一隻手握住與兩個缸體表面都相連的一根鏈子」時，突然竄出一道耀眼的電光，同時還發出如同爆竹一樣的巨大響聲。富蘭克林應聲倒地，整個身體都劇烈地顫抖起來，握著鏈子的手也捲縮成雞爪狀；雙目緊閉，面無血色。

十幾分鐘後，富蘭克林才漸漸清醒過來。他慢慢地睜開眼睛，用微弱的聲音

(四) 吸引雷電

告訴周圍緊張的人們說：

「我似乎見到了上帝。」

科學家也會犯錯，但科學家的過人之處就在於他們能夠從錯誤和失敗中揭示出鮮為人知的真理的奧祕。從這次電擊事件發生後，富蘭克林得出了一個結論，那就是：串聯起來的足夠多的電瓶可以釋放出如同雷電那樣巨大的電流。而下一步他要做的，就是讓閃雷自己來證明：我就是在劇烈地放電！

不過，英國皇家學會對富蘭克林的實驗提議並沒有給予重視。一七五一年，富蘭克林發表了他的關於電學實驗的小冊《班傑明．富蘭克林在美洲費城所作的電學實驗和觀察》。這一新思想在法國引起了較大的轟動。一七五二年初，富蘭克林的這本小冊子被翻譯成法文發表，眾多科學家們和公眾都為之激動，法國國王還親自觀看了實驗哲學大師洛爾為他演示的「費城實驗」。

一些科學家對富蘭克林的這個實驗很感興趣，決定遵循富蘭克林的提議，進行更大規模的實驗。

一七五二年五月十日下午兩點二十分，達利巴爾和六位同行在巴黎郊區的一座花園中用四十英呎的鐵竿從地面吸引雷電。隨著一聲開槍射擊般的聲響巨大，實驗獲得了成功。至此，富蘭克林的想法不再是推斷，而成為事實。

(五) 風箏驗證雷電

雖然已有科學家證實了富蘭克林關於雷電與電的性質的推斷，但富蘭克林還是希望能夠親自透過實驗驗證他的關於雷電和電性質相同的這一假設。因此，他找到了一座較高的建築物，以便能從天空的雲層中引下電流，進行他的實驗。

一七五二年六月的一天，天氣烏雲密布，雷電交加。望著電閃雷鳴的天空，富蘭克林冥思苦想：該找什麼來引下電流呢？

忽然，他想到了兒時放過的那個藍色的大風箏。想到這裡，一個大膽的念頭在富蘭克林的腦海中出現了：借助一隻普通的風箏就能夠進入帶雷電的雲層，從而完成實驗。

於是，富蘭克林馬上與兒子威廉一起動手，製作了一個大風箏——兩根木條

(五) 風箏驗證雷電

拼成風箏十字形的骨架，上面蒙上一塊絲綢，這樣就形成了豐盛的身軀和兩翼。然後，富蘭克林又在風箏上端固定了一根尖尖的金屬絲，在風箏的末端還榜上一把金屬鑰匙。

隨後，富蘭克林和威廉將做好的大風箏升入天空。時間一點點地過去了，父子倆焦急地等待著，但卻沒有發現任何帶電的跡象。

忽然，一團烏黑的雲朵飄過，富蘭克林猛然發現，風箏線尾端的麻繩纖維間相互排斥地聳立起來，就好像懸垂在普通的導體上一樣。富蘭克林異常欣喜，下意識地用手伸向鑰匙，結果他受到了強烈的電擊。

大雨很快便從天而降。當雨水打濕麻繩時，富蘭克林看到了異常美麗的電火花。

實驗獲得了成功，至此可以證明：閃雷與電就是屬於同一種物質。富蘭克林欣喜若狂，簡直難以自持。但為了進一步對這一問題進行研究，富蘭克林直到十月才將這一實驗結果公佈出來。

十月十九日，富蘭克林的第一篇關於用風箏驗證雷電的報導發表在《賓夕法尼亞報》上，並對自己利用風箏驗證雷電性質的細節進行了全面而詳細的介紹。

根據這一實驗的結論，富蘭克林開始思考有關避雷針的發明。在一七五三年的《窮理查年鑑》中，富蘭克林就暢談了他關於避雷針的設想。他在書中寫道：

「準備一根小鐵棒，但要有一定的長度，一端插入潮濕的地下三到四英呎，另一端要高出建築物頂端六到八英呎。在鐵棒的上端綁上一英呎普通針織陣那麼大的銅絲，並磨出一個尖尖的頭。鐵棒可以用一些小鎖環固定在房頂上。如果房頂是長形的，可以在兩側各豎上一根帶尖頭的鐵棒，用一根金屬絲連接起來。一幢這樣裝置的房子，就不會被雷電所擊毀了。閃電被尖頭吸引透過金屬線進入地面，從而不會毀壞地面上的任何物體。同樣，在船的桅杆頂端安裝尖頭鐵棒，從鐵棒底部接出一根金屬線，順著桅索延伸到水中，船隻也可以免遭雷電的傷害。」

幾乎在同一時期，富蘭克林還進行了另一項有關雷電的實驗：將一根尖尖的鐵棒固定在房頂的煙囪上，並向上伸出九英呎左右，從鐵棒底部伸出一根金屬線穿過屋頂下的玻璃管，並透過樓梯引下，與鐵矛相連接，在樓梯上將金屬線分

(五) 風箏驗證雷電

開，每端各繫一個小鈴鐺，再用絲線在鈴鐺之間懸起一個小銅球。每當雷電經過時，銅球就會擺動，並敲打鈴鐺，發出響聲，而上方引出的電火花又能夠為電瓶充電。

這一實驗再次證明了閃雷就是電，以及尖端吸引和放電的原理，同時還證明了可以利用這一原理使人類免遭雷電的襲擊。富蘭克林把這一裝置安裝在政府大樓和賓夕法尼亞學院的尖塔上，這或許也是富蘭克林發明並實際運用的最早的避雷針了。

這些實驗的成功，使倫敦學會終於為富蘭克林的成就所震撼。一七五三年一月三十日，倫敦學會將學會的最高獎勵——科普利獎章授予富蘭克林。一七五六年四月，又透過了接納他為學會會員的決議。

同時，這個曾以「沉默的多古德」的筆名為不能上大學而自我解嘲的年輕人，還透過這一研究發明實現了他的大學夢想：負有盛名的哈佛大學、耶魯大學先後授予富蘭克林榮譽文學碩士學位。自學成才的富蘭克林終於堂而皇之地躋身於科學的聖殿之中了。

第十一章　揭開電的祕密

第十二章　奧爾巴尼會議

最難抑制的情感是驕傲，儘管你設法掩飾，竭力與之鬥爭，它仍然存在。即使我敢相信已將它完全克服，我很可能又因自己的謙遜而感到驕傲。

——富蘭克林

第十二章　奧爾巴尼會議

（一）人道主義

一七五一年八月十三日，在州議會擔任了十五年文書的富蘭克林被選為州議員。他的兒子威廉·富蘭克林申請並獲準繼任議會文書的職位。在此之前，威廉曾於一七四六年參加遠征加拿大的行動。

在那以後的五年當中，賓夕法尼亞州議會中的議題主要是三個：印第安人問題、紙幣問題和業主領地交稅問題。

在對待印第安人的問題上，英屬北美殖民地內部一直存在著嚴重的分歧，尤其是賓夕法尼亞州。在英國殖民當局的眼中，印第安人就是魔鬼的信徒，是無法同化的野蠻人和異類，因此主張用殘酷無情的暴力手段將他們斬盡殺絕，或將他們驅逐到遠離文明的蠻荒之地，任其自生自滅。

對於這一主張，富蘭克林向來嗤之以鼻。他不僅基於人道主義角度對印第安民族懷著深深的同情和敬意，而且也從現實角度出發，認為英勇善戰的印第安人是不可能被斬盡殺絕的。

(一) 人道主義

而賓夕法尼亞教友會的教友們對印第安人卻提倡採取安撫政策，一心想對印第安人實行安撫收買的政策。但富蘭克林很清楚：賄賂安撫的方法只能奏效一時，不可能長久，而且目前費城的財政狀況也逐漸惡化，這主要就是由於稅收制度混亂無序所引起的。地租和地價瘋長，費城的大業主們個個腰纏萬貫，但卻拒絕交納任何捐稅。議會一再要求業主納稅，為對付印第安人做貢獻，但卻遭到了拒絕。業主們聲稱：印第安人的騷擾和入侵併不是土地所有者引起的，真正的麻煩是教友會的和平主義政策和賓夕法尼亞毫無抵禦能力。

對於這種爭論，富蘭克林冷靜地進行了思考。雖然他既不是腰纏萬貫的大亨，也不是把持立法和行政大權的議長、總督，僅僅是一名剛剛上任的議會議員。但他具有科學的思辨精神和精準公允的判斷力，再加上多年來的公職生涯在民眾中建立起了崇高的威望，因此具有廣泛的群眾基礎，代表著一種健康向上的強大力量。

經過縝密的思考，富蘭克林認為，議會應該採取有效的軍事防禦措施，同時也對印第安人實行寬舒友好的和解政策；而業主們也應履行公民義務，按時納

第十二章　奧爾巴尼會議

稅，為費城的各項建設事業做出貢獻。

為此，富蘭克林多次與總督漢彌爾頓交流，希望他能主動與維吉尼亞、馬里蘭等殖民地聯絡，共同商討聯合防務等問題，保衛邊境地區的安寧。這一時期，富蘭克林腦海中的英屬北美殖民地已經不再是一個相互隔絕的孤島了，而是北美東部沿海地區緊密相連接在一起的大片美麗富饒的土地。

然而，自以為是的總督漢彌爾頓將富蘭克林的話當成了耳旁風，倒是維吉尼亞總督羅伯特．丁威迪。捷足先登，於一七五三年九月初在維吉尼亞北部與印第安人聯盟進行了談判，並達成了一項和解協議。

漢彌爾頓獲得這一消息後，彷彿抓住了和平的曙光，總算找到了談判的希望。對於談判的人選，在議會中穩健公允、卓有見地的富蘭克林成了最佳的人選，另外還有議長艾薩克．諾裡斯和參事會祕書理查．彼得等。

九月二十二日，富蘭克林等三名特派員帶著禮物前往談判地點。經過五天的長途跋涉，終於來到了事先約好的談判地卡萊爾鎮。

這是富蘭克林第一次面對面地與印第安人打交道。他意外地發現，這些印第安人不但英勇善戰，粗獷豪放，而且在進行外交談判方面也是行家高手，並且充滿了原始古樸的智慧和極其獨特的風格。經過一系列的談判後，富蘭克林漸漸對印第安人產生了更多的瞭解。他覺得，印第安人的確是一個值得同情和尊重的古老民族。

兩天後，艱難的談判結束了。這也是賓夕法尼亞州與印第安人關係史上的一次重要交流。在經歷了長時間的爭鬥之後，雙方都透過此次談判開始了互相尊重、和平相處的嘗試。同時，這次談判也成為富蘭克林個人政治成長史上重要的一頁。他在談判中所表現出來的策略和技巧，以及在複雜環境中對所賦權利的靈活運用等，對談判的成功造成了至關重要的作用。可以說，此次談判也是富蘭克林傑出外交生涯的起點。

（二）與印地安人談判

一七五四年五月，富蘭克林接到了總督漢彌爾頓的通知，要求他立即趕赴奧

第十二章　奧爾巴尼會議

爾巴尼召開會議。在這次會議上，富蘭克林的使命是代表賓夕法尼亞州參加由英國商務大臣倡導、由紐約總督主持的各殖民地防務會議，同時還要同印第安部落聯盟進行談判，商討聯合反擊法國人進攻等重大事務。

卡萊爾的談判僅僅是賓夕法尼亞與印第安人之間的一次外交接觸，它所影響的區域和時段都是很有限的，但這次會議則不同。這次會議對北美的歷史發展進程和當地人民民族意識的覺醒產生了深遠的影響，是美國建國史和革命史上的一個重要里程碑，而富蘭克林則是這個事件中的一位最關鍵的人物。

早在一七五一年三月時，富蘭克林就收到了他在紐約的合夥人約瑟夫・帕克的來信，信中還附有一份手稿。從這封信中富蘭克林得知，這是紐約州參事會一名參事寫的關於北美殖民地聯合的論文。他知道，這是帕克要聽聽他的看法。

於是，富蘭克林提筆給帕克回了一封信。在信中他指出：各殖民地的聯合已經「勢在必行」，但必須以適當的方式加以實施，「較之英國國會強加的聯合，由各殖民地加入的自願聯合要好得多。因為自願的聯盟不僅實施起來不難做到，而且易於根據經驗和形勢對它加以改進」。

（二）與印地安人談判

這一年，富蘭克林還寫了一篇《關於人口增長及向各地殖民的幾點意見》的文章，詳細地分析了北美殖民地的人口狀況和勞動力價格之間的關係，以及殖民地經濟和宗主國的關係。這篇文章所得出的結論：人口日益增長的美洲是製造業日益擴大的市場，無論對英國還是對美洲都是如此，「所以，英國不應過多限制殖民地的製造業，因為一位明智的好母親不會那麼做。限制就等於削弱，而削弱了孩子也就削弱了整個家庭」。

在這裡，富蘭克林將北美殖民地同宗主國英國看成一體，主張殖民地聯合也是在大英帝國範圍內的聯合。

在文中，富蘭克林還以北美殖民地與宗主國英國為一體為前提，論述了北美殖民地的邊疆對大英帝國的功能。他指出，美洲在一個世紀後將容納最大部分的英格蘭人，因此美洲的邊疆也就是英國的邊疆，一個正在興起的美洲殖民地同樣也屬於擴大著的英國的一部分。因此，他強調：

「對英國來說，與法國締結條約來確定其殖民地與法國殖民地的邊界是極其重要的事，英國在獲取足夠的空間問題上應該極其小心謹慎，因為這個空間將大大

第十二章　奧爾巴尼會議

解決人口增長的問題」。

當時在北美，英、法兩國假定，英國有權占領亞利加尼河以東的大西洋沿岸，法國有權占有加拿大和路易斯安那地區。但由於印第安人分佈在從阿巴拉契亞山到密西西比河之間，領土界限不明確，因此英國人和法國人都紛紛向它侵入，同印第安人進行皮貨交易。

總體來說，進入那一地區的英國人較多，但也都屬於個人活動，與政府沒什麼瓜葛。而法國人則於一七五三年派了一支官方探險隊前往俄亥俄一帶構築堡壘，其實是向英國人和印第安部落發起挑戰。

應印第安人首領的請求，維吉尼亞總督丁威迪派當時年僅二十一歲的喬治·華盛頓攜帶一份通牒送交給法軍指揮官，但卻遭到了法國人的拒絕。在這種情況下，維吉尼亞總督丁威迪派人在俄亥俄河岔處修築了堡壘，並準備抗擊進犯，同時在維吉尼亞軍隊準備就緒後，立即派遣華盛頓前去增援。此外，丁威迪還通知賓夕法尼亞總督漢彌爾頓，要求賓夕法尼亞軍隊在一七五四年三月初前往波托馬克與維吉尼亞軍會合。

然而，賓夕法尼亞州議會中多數教友會信徒卻拒絕為這次軍事行動撥款。直到五月，俄亥俄河岔口的堡壘落在法國人手中，議會才決定撥款一萬鎊，同時派出使者前往奧爾巴尼，會同其他殖民地的使者在英國商務部主持下召開會議。州參事會的約翰·比尼和理查·彼得，以及州議會的伊薩克·諾利斯和富蘭克林奉派出使，並於一七五四年六月十七日抵達了奧爾巴尼。

（三）對抗法國人的入侵

奧爾巴尼會議原定於一七五四年六月十四日召開，但除了東道主紐約的代表之外，只有麻薩諸塞、馬里蘭和新罕布希爾的代表如期而至。隨後，富蘭克林一行到會，印第安部落的代表也姍姍來遲。維吉尼亞總督丁威迪此刻正在全力阻止對俄亥俄地區的遠征，根本無暇參加會議。紐澤西州則沒有接受邀請。此外，羅德艾蘭和康涅狄格的代表則是不請自來，表現出了一種不同尋常的主動精神。

六月十九日上午，會議在奧爾巴尼市政府的會議廳中正式召開。紐約總督詹姆斯．德蘭西斯宣布了致辭，並宣布了會議的日程：由全體代表推舉出一個委員會，該委員會負責為總督起草一份對印第安人的講話稿，經全體代表修改透過後，由總督代表各個殖民地向印第安人致辭，並贈送禮品等進行慰問，最後與印第安人結成永久友好的聯盟，共同對抗法國人的入侵——這就是會議的最終目的。

六月二十四日，富蘭克林在與代表們進行討論之後透過一項重要的決議：認為有必要建立一個殖民地聯合體，並為此指派了一個由各地代表組成的委員會，富蘭克林也是委員會的成員之一，共同起草有關建立殖民地聯盟的文件。二十八日，委員會提出了一個名為《簡單構思》的方案。

就在與會代表積極發言，商討如何同印第安人簽訂條約的同時，華盛頓的軍隊在尼謝西提堡壘向法軍投降。此時，英、法之間爭奪北美的戰爭已經開始了，代表們更加感到聯合起來的重要性和迫切性。但在如何聯合的問題上，仍然存在著較大的分歧。

由於許多有識之士已經認識到了殖民地聯合的重大意義，因此其他代表也紛

（三）對抗法國人的入侵

紛向大會提交了一些聯合計劃。但經委員會和代表們的認真分析和研究，認為還是富蘭克林提出的方案最為妥善，遂要求富蘭克林以《簡單構思》計劃為藍本，並吸收其他代表計劃中的某些有效成分，重新起草一份聯合計劃，提交會議重新討論。

七月九日這天，富蘭克林沒有參加會議，而是一個人在房間裡對計劃進行了修改、增刪和充實，直至第二天凌晨才完成。

十日，富蘭克林在會議上宣讀了他剛剛擬就好的草案。根據這一方案，英屬北美十三個殖民地應成立一個聯邦政府，由英王任命和支持的聯邦總理負責治理；各殖民地的代表在各自的議會召開會議，推舉出代表組成聯邦參政會，作為聯邦的權利機構；聯邦政府享有徵稅、組建和裝備軍隊等權利。

富蘭克林的這一計劃是一個具有創建性和科學性的聯合計劃，第一次提出了在北美實施「聯邦制」和「代議制」相結合的政治體制。

草案宣讀後，代表們都一致透過。隨後，該計劃的抄本被分別送往各殖民地議會，包括未派代表出席會議的紐澤西、維吉尼亞和南、北卡羅萊納的議會。

第十二章　奧爾巴尼會議

然而，這一草案卻沒有一個州的議會表示接受，包括富蘭克林所在的賓夕法尼亞在內。富蘭克林認為，各州議會不贊成這個計劃，是因為「它們都認為聯邦政府的權力太大了，但是在英國，人們卻認為這個計劃過於民主，所以商務部不會贊成，當然也不會提請英王來批准了。」

這個「如果能被採納，將會使大洋兩岸幸福」的計劃草案沒有獲得透過，富蘭克林深感遺憾。不過，富蘭克林從奧爾巴尼會議中還是獲得了一定的收穫，那就是同其他殖民地有影響的人建立了友誼。

透過與他們的交流，富蘭克林認為，大英帝國與北美殖民地除了被大洋隔開之外，其他都應該是一體的；北美洲殖民地應該加以擴大，向阿巴拉契亞山那邊求得發展；倘若法國人占據那塊土地，將會成為永久性的威脅，英國人應深入有爭議的地區去保護業已獲得的一切；在那裡，英國人還應同印第安人保持和平的貿易往來，向他們購買土地，促使其繁榮發展。

在大英帝國和北美殖民地的關係中，富蘭克林始終堅持和強調的一點就是：殖民地應該享有自治權。在奧爾巴尼會議結束之後，富蘭克林沒有馬上返回費城，而是在紐約、新英格蘭地區逗留了幾天。在那裡，他四處遊說、巡防，並與不少持有不同意見的人進行了爭論。他認為，北美殖民地在英國國會中應有自己的代表參與制定與殖民地有關的立法；如果不允許北美殖民地代表進入英國國會，那麼國會在設立立法時也應該注意其公正性，不應只顧及英國某一部分人的利益，而損害北美殖民地的利益，否則便會存在「未來的分離之危險」。

由此可見，在美國革命前的二十年，富蘭克林其實已預言到了這場革命的爆發。

第十二章　奧爾巴尼會議

第十三章　當選民兵上校

沒有任何動物比螞蟻更勤奮，然而牠卻最沉默寡言。

——富蘭克林

第十三章　當選民兵上校

（一）英法戰爭

就在大英帝國及其所屬的北美殖民地頻頻派遣官員談判，企圖以賄賂和拉攏的手段換取和平時，早已對北美殖民地垂涎三尺的法國人已經不宣而戰，開始祕密行動了。

為了控制並最終奪取富裕遼闊的俄亥俄地區，法國人組織了多支遠征軍，並聯絡了一批印第安人部落，沿著俄亥俄河迅速向前推進，在俄亥俄河沿岸修築工事，建立軍事基地，並設置崗哨，軍隊一直推進到俄亥俄上游地區。與此同時，他們還在安大略湖裝備了一支強大的艦隊，隨時準備順流而下，為地面部隊提供援助。

面對法國人的態勢，英國人也不示弱，各殖民地都紛紛著手進行準備，尤其以維吉尼亞的行動最為迅速。一七五四年春，維吉尼亞總督丁威迪派出一支三百人的遠征軍前往俄亥俄河流域，試圖阻止法國人的侵略軍。這支遠征軍的指揮官就是後來威震天下的大陸軍總司令喬治·華盛頓，他率領著這支臨時組建、裝備

（一）英法戰爭

簡陋的地方武裝在俄亥俄地區與法國正規軍和勇猛凶悍的印第安武士進行了殊死搏鬥，首戰告捷。但在此後的困苦堡一戰中，大陸軍遭到敵軍的重重圍困，雖給敵人以重創，但終因寡不眾敵而遭慘敗。

遠征軍雖然失敗了，但它代表著英法戰爭已經拉開序幕。此後，在北美、歐洲以及世界各地都相繼出現了一系列大規模的戰事。

一七五五年春，北美大地再次燃起戰爭的硝煙。困苦堡的失敗與法國人在俄亥俄地區步步緊逼的態勢引起了英國王室的高度關注，英國政府決定在北美地區採取大規模的軍事行動，以徹底擊潰法國人，登上世界霸主的寶座。

為了實現這一宏大的目標，英國政府委任經驗豐富的沙場老將愛德華·布雷多克將軍為這支軍隊的元帥，負責此次作戰行動。

不久，布雷多克便率領兩個團的精銳部隊在一支皇家海軍艦隊的護送下開往北美大陸。二月，這支部隊在維吉尼亞的漢普敦登陸。展現在北美人民面前的，是一支紀律嚴明、軍容威武的歐洲職業軍隊。行進在隊伍最前列的是布雷多克等高級軍官，他們都騎著高頭大馬，腰挎戰刀，肩頭和胸前佩戴著金光閃閃的各式軍標和徽章，一個個肅穆莊嚴，威風凜凜。

隨後跟著的是精銳的步兵團，士兵們也都是個個全副武裝，排著整齊的隊伍，昂首闊步行進著。

這可真是個令人驚心動魄的場景：軍旗獵獵，戰馬蕭蕭，鼓樂齊鳴，刺刀和槍械在陽光下發出刺眼的光芒。此情此景，讓千千萬萬北美人民感慨萬千：這樣的隊伍，還有什麼力量能夠阻止它們前進的步伐呢？

這支英國軍隊的策略意圖十分明確：從新英格蘭等地向北向西出擊，將法國人從安大略湖和伊利湖之間的尼亞加拉地區及賓夕法尼亞和維吉尼亞境內趕出去，並收復俄亥俄流域地區。

四月，布雷多克將軍在亞歷山德里亞同麻薩諸塞、紐約、賓夕法尼亞、馬里蘭和維吉尼亞的總督進行會談，以商議布雷多克軍隊的軍需和運問題，最終決定由維吉尼亞、馬里蘭和賓夕法尼亞三個州負責承擔。維吉尼亞招募了年輕的美洲士兵加入到布雷多克的部隊當中與法軍作戰，賓夕法尼亞州則委派富蘭克林為這支軍隊解決行軍中的運輸問題。

從表面看，人人都希望英軍打勝仗，可當事情一觸及到本地區或個人的切身利益時，就有人開始斤斤計較了，甚至流露出狹隘的地方主義或個人主義情緒。比如，武裝起來的民兵可以為保衛本鄉本土戰鬥，但卻拒絕為保護其他殖民地而戰；各地議會可以為本地區作戰的英軍提供給養，但卻不願與在本土以外作戰的其他行動中給予配合；業主們都希望軍隊可以保護他們領地的安全，但卻不願出資在其他地區進行軍事行動；……

所有的這一切，讓準備與法軍主力決戰的布雷多克將軍非常焦急。他急需大批民兵與之協同行動，更需要各個殖民地能給予部隊支持和配合。

（二）採辦軍需

當布雷多克將軍正為殖民地的人們不配合作戰的情況發愁時，富蘭克林正在紐約。不久，富蘭克林就接到費城議會要他速歸的急信。

富蘭克林很清楚，這場戰爭的勝負不僅取決於交戰雙方軍事力量強弱和策略

第十三章　當選民兵上校

水平的高下，更取決於兩個強國之間的綜合實力。因此，單靠這些遠道而來的少數英國正規軍來打勝仗是很難的，還需要各個殖民地民兵武裝的全力配合，更需要各地提供充足的經費和軍用物資來支援這場戰爭。

然而，當時的北美殖民地雖然經濟有了一定的發展，但由於地域遼闊、人口分散，資金長期匱乏，再加上各地區及北美與宗主國之間日漸複雜的矛盾，要想在短時間內調集各地的人力、物力和財力來配合英軍作戰，還是相當困難的。

不過，富蘭克林在接到急信後，還是馬上動身返回費城。在費城，富蘭克林詳細地瞭解了州議會成員的意見，然後決定親自到馬里蘭的弗雷德里克面見布雷多克將軍。

當富蘭克林和兒子威廉在弗雷德里克找到布雷多克將軍時，布雷多克正在焦急地等待著他的副官們徵集運貨車輛的消息。

富蘭克林父子在這裡住了下來，每天設法與將軍見面，一起進餐交談，以便消除將軍對各個州議會的成見與誤解，並表示願意協助將軍作戰。

富蘭克林告訴布雷多克將軍，在他到達北美之前，賓夕法尼亞議會已經為防務工作做了大量的工作，花費了不少錢財，並且願意隨時為布雷多克將軍的部隊服務。同時，他還將自己為布雷多克設計的一套與各自總督聯絡的最佳方法做了詳細的介紹。

就在這時，布雷多克派出去徵集馬車的報告返回來了：副官們只徵集到區區二十五輛貨車，其中還包括一些破舊不堪、根本無法使用的車輛。這一消息讓布雷多克大驚失色，並開始埋怨英國政府命令他的軍隊在缺乏運輸工具的地區登陸，這將對戰爭毫無益處。副官們也紛紛議論，認為這次遠征必敗無疑。

這時，富蘭克林插話說：

「如果將軍願意在賓夕法尼亞登陸的話，那裡每一家農戶都可以提供運貨的馬車。」

布雷多克將軍聽了，馬上請富蘭克林幫他們設法徵用馬車。於是，在商定好給車主的報酬後，富蘭克林父子返回賓夕法尼亞。

隨後，富蘭克林在蘭卡斯特、坎伯蘭和約克等地登了多則廣告，以切身利害關係，實際上也利用自己的號召力，為英軍徵集了一百五十輛四馬貨車和兩百多

（二）採辦軍需

匹馱貨的馬，並親自擔保：車馬若有損失，照價賠償。

不久，富蘭克林又為軍中的軍官設法解決了一些日用品。其後，富蘭克林應布雷多克之請，繼續為軍隊採辦軍糧。

六月初，大規模的軍事行動開始了。英軍各路人馬在坎伯蘭集中後奉命出發，隨行前往的還有華盛頓率領的幾百名維吉尼亞民兵，以及由克羅根首領的一百多名印第安武士。依照英國軍方的部署，這次行動的目標是迪凱納堡。

布雷多克將軍有著四十多年的從軍經驗，可謂指揮果斷，帶兵有方。但是，他的經驗僅僅限於在歐洲統帥僱傭軍作戰，缺乏在北美環境當中與地方武裝及印第安部落協同作戰的經驗，對北美地區的風土人情更是缺乏瞭解。

而且，他對美洲殖民地人民和印第安人的作用也估計得過低，因此在這些民兵和印第安武士面前，總是表現出一副傲氣十足的樣子。尤其是對軍中隨行的一百多名印第安人態度冷淡強硬，輕蔑無理，這大大地挫傷了印第安人的自尊心。結果剛剛行軍不久，這些本可以作為嚮導、偵察兵的印第安人就紛紛離去。

不久，隨軍的華盛頓又突然病倒了，這讓這支失去印第安人幫助和華盛頓輔佐的軍隊猶如盲人瞎馬一般，在危機四伏的地帶緩緩行進。

可是，布雷多克將軍卻對自己軍隊的戰鬥力充滿自信。他告訴富蘭克林說，他準備在攻下法軍從維吉尼亞手中奪去的迪凱納堡壘後，直取尼亞加拉，然後進攻弗蘭提納克。他還說，有三四天內的時間便可攻下迪凱納堡。

當富蘭克林提醒他要注意印第安人的伏擊戰術時，布雷多克不屑地回答說：

「這些野蠻人對於你們未經訓練的美洲殖民地民兵來說可能是強敵，但對於英王陛下那些訓練有素的正規軍來說，先生，他們是微不足道的。」

（三）民兵法

七月九日，布雷多克將軍率領的部隊渡過了莫諾加希爾河，進入一片茂密的山林，結果遭到一支法國人和印第安人組成的部隊的突然襲擊。由於布雷多克不聽華盛頓的勸阻，堅持要用英國傳統的作戰方法，致使密集的部隊完全暴露的敵人的火力之下，隊伍很快便傷亡過半。布雷多克也深受重傷，幾天後不治身亡。

對於這次戰役的失敗，富蘭克林後來寫道：

「這件事第一次使我們美洲殖民地人民想到：我們對於英國正規軍的英勇無敵推崇備至，是毫無根據的。」

英軍如此輕易地就被戰敗，讓各個殖民地都開始紛紛組建和擴充自己的民兵武裝，並有意識地加強殖民地之間的聯絡，試圖依靠自己的力量保衛自己的家園。這就在客觀上有力地推動了北美殖民地自治和聯合的歷史進程。

英國遠征軍的慘敗助長了法軍的囂張氣焰，他們幾乎毫無阻攔地向東推進了一百英里，並成功地利用印第安人各部落之間的矛盾，離間了他們的關係。曾經與殖民地簽訂友好協議的印第安人也紛紛倒戈，一些好鬥的印第安部落還對英國殖民地的邊境地區進行瘋狂的掠殺。

這場邊境危機也波及到了賓夕法尼亞境內。在法國人的慫恿下，一向與賓夕法尼亞友好相處的印第安德拉瓦爾部落開始對賓州的西部地區發動武裝襲擊，流血事件頻頻發生。居民不堪忍受這突如其來的災禍，紛紛逃離家園。

邊境居民們還紛紛譴責那些在議會中占據支配地位的教友派議員，認為正是

（三）民兵法

他們反對一切戰爭的教義和不抵抗政策導致邊境地區出現此種無防禦的狀態。同時，他們也憤怒地抨擊賓夕法尼亞的業主，認為是他們在西部的野蠻擴張惹怒了印第安人，才導致今天災禍的發生。

在這場邊境居民與議會的爭鬥中，富蘭克林處於一種十分尷尬的處境。他雖然不是教友派的教徒，不過一直與這些教友派議員關係融洽；但同時，他對邊境居民的處境也深感憂慮。

經過一番認真的思考，富蘭克林認為，當務之急是應該馬上制定一部關於建立地方武裝的民兵法，旨在透過合法的徵稅和徵兵，讓有產者出錢，讓青壯年服兵役，一起保衛賓夕法尼亞疆域的安全。

雖然該法案的提議遭到了許多批評甚至是咒罵，但面對愈加嚴峻的邊境危機，富蘭克林草擬的新《民兵法》還是獲得了透過。

該法案規定：經總督和總司令的同意，賓夕法尼亞的自由民眾可以合法地將自己組成連隊並選舉軍官，再由連隊軍官推薦團隊的軍官，全體軍官可以制定有約束力的軍事法規等等。

這部法令的意義在於：它使賓夕法尼亞州在不違背英王旨意和不超越殖民地權限的前提下，擁有了一支合法的地方武裝力量，而且不必接受宗主國的統一指揮調遣，甚至不必依賴宗主國的資助，而是依靠本地的實際需要來決定徵兵的數額、徵兵的期限，以及合理地調配兵力等。

(四) 建立民兵

這時，邊境的風聲更加吃緊了。有消息傳來稱，一群印第安人襲擊了位於費城西北部七十五英里納登赫特，殺害了不少未來得及逃入森林的居民，並焚燬了那裡的房屋。可見，加強邊防已是刻不容緩。

為了招募足夠的青壯年入伍，富蘭克林在《賓夕法尼亞報》上發表了一篇名為《關於賓夕法尼亞目前局勢的三人對話》的文章，文中盡可能地提出了一切反對建立民兵自衛隊的觀點，然後逐一地加以反駁。

徵兵工作在城鎮中進行得很順利，但在遙遠的邊陲卻遇到了不少困難，而那

（四）建立民兵

裡恰恰又是最需要派兵駐守的關鍵地區。於是，當局決定派出得力的官員到敵人騷亂最嚴重的西北邊境地區，在那裡招兵買馬，整頓防務，維護當地的安全和社會秩序。有勇有謀的富蘭克林承擔了這一重任。

一七五五年十二月十八日，富蘭克林率領五十名騎兵和三輛寬輪大篷車，出發前往摩拉維亞教徒聚居地的中心城市伯利恆。與他同行的，還有兒子威廉，前州長、現任參事會參事的詹姆斯·漢彌爾頓，以及議會計財委員會主席、教友會教徒約瑟夫·福克斯。

來到西北邊陲後，富蘭克林對這裡的形勢進行了週末的考察，結果令他十分震驚：如果不儘快設防的話，法國人和印第安人隨時都可以從這裡長驅直入，對賓夕法尼亞的內地和中心城市構成威脅。因此，富蘭克林認為，必須馬上在北起伊斯頓，經由北安普頓、伯利恆，南至雷丁一線進行層層設防，構建起一條牢固的軍事防線，以遏制敵人可能發起的大規模進攻。

在到達伯利恆後，富蘭克林一行發現那裡的防務井然有序，十分令人滿意，因此第二天便匆忙動身趕往伊斯頓。

第十三章　當選民兵上校

同伯利恆相比，伊斯頓簡直是一片混亂：食物儲備已經耗盡，民眾已準備放棄這裡逃往費城。當看到富蘭克林一行人到來後，當地人彷彿遇到了大救星一般，紛紛要求儘快組織隊伍，保衛家園的熱情空前高漲。

經過一番整頓，一支由大約兩百名精壯男子組成的民兵連隊便成立起來了。富蘭克林等人又帶領他們挖壕築堡，修建防禦工事。十天後，伊斯頓的面貌發生了巨變，高壘深壕、層層工事構建成一道道堅固的防線，足以令敵人膽顫心驚。

離開伊斯頓後，富蘭克林一行又馬不停蹄地前往裡丁，到那裡時已是一七五六年元旦的下午。賓夕法尼亞總督莫里斯正在那裡等待他們共商同保持友好立場的印第安人簽訂條約以及防務措施等問題，然後同返費城。

然而，一月三日這天，一名通訊員前來告知說，設防不久的納登赫特在元旦那天遭到印第安人襲擊，守軍中未戰死者均被驅除。邊防線上最薄弱也是最重要的一點再次暴露在敵人的攻擊面前。

正在會談的總督決定馬上派遣一名巡視官返回納登赫特，重新對那裡的堡壘進行修築。富蘭克林被選中去執行這一危險而艱巨的任務，出發後，富蘭克林在

（四）建立民兵

伯利恆逗留了一個星期，一邊安撫民心，一邊徵召民兵一同前往納登赫特。十五日，富蘭克林率領徵召到的士兵向納登赫特行進。

在行進途中，隊伍的兩翼都派出偵察兵在山林中慢慢搜尋前進，以防敵人的襲擊。在這艱苦的行軍途中，富蘭克林度過了他的五十歲生日。

一月十八日，富蘭克林率領的民兵抵達納登赫特。五天後，堡壘再次被修築完成。整個堡壘長達八米，寬十七米。要防禦沒有火炮的印第安人，這樣簡陋卻堅實的堡壘足夠了。

一週後，他們升旗鳴槍，用州首席法官的名字將這堡壘命名為「艾倫堡」。

後來，富蘭克林又帶領大家築起了兩座木堡：艾倫堡以東十五英里處的諾利斯（州議會議長的名字）堡和以東同樣距離處的富蘭克林堡。在此期間，富蘭克林還在諾桑普敦縣組織了十三個聯隊共計五百人左右的國民自衛隊，分佈在從納登赫特到伊斯頓之間的防線上，並解決了這支軍隊的裝備、供給和相互聯絡等相關問題。

二月一日，議會開會的通知被送到富蘭克林手中，開會的日期是二月三日。

第十三章　當選民兵上校

因此，富蘭克林與兒子馬上出發，在二月五日夜裡趕回了費城。

富蘭克林幹練的辦事作風、卓越的領導才華以及公正無私的獻身精神給將士們留下了深刻的印象，因此，將士們都一致推舉富蘭克林為民兵部隊的上校指揮官，但富蘭克林卻謙虛地將這一職務委託給來自新英格蘭的軍人克拉彭先生。

但邊境民眾始終忘不了富蘭克林為保衛當地安全所做出的貢獻，請功信像雪片一般飛往費城。不知是由於軍情需要緊急，還是被民眾的熱情所打動，一七五六年二月二十四日，總督莫里斯正式任命富蘭克林為上校軍官。

第十四章　為殖民地爭取權益

良好的態度對於事業與社會的關係，正如機油對於機器一樣重要。

——富蘭克林

第十四章　為殖民地爭取權益

(一) 狀告總督

當富蘭克林返回費城時，賓夕法尼亞議會和總督、業主之間的鬥爭正在激烈進行。不久，總督莫里斯便去職了。一七五六年八月，繼任總督丹尼上尉從英格蘭為富蘭克林帶回了皇家學會於一七五三年授予他的科普利金質獎章。

同時，丹尼還用非常華麗的語言對富蘭克林的業績大加稱頌，並希望雙方可以建立起相互信任、真誠合作的關係。但富蘭克林很清楚，賓州的總督都是業主們挑選任命的，他們只秉承業主的旨意辦事才能得以繼任，因此，他們是不可能與殖民地議會建立起真正友好的合作關係的。

在後來的施政過程中，丹尼總督與州議會的爭執一如既往。尤其是西部邊境的屠殺和蹂躪又開始了，並呈現出不斷惡化的驅使，而現任英國遠征軍司令勞登勛爵年事已高，且是一位缺乏領導和指揮才能的將軍，作戰計劃雜亂無章，致使邊境危機日甚一日。

在防務問題上，賓夕法尼亞議會內部基本已經達成共識，但在徵稅和撥款的具體數額問題上，議會與總督又開始了新一輪的紛爭，雙方都各不相讓。

一七五六年底，丹尼總督要求為下一年度撥款十二點五萬鎊，而議會只同意撥款十萬磅，並透過了相應的決議。

一七五七年初，總督斷然否決了這一決議，並決議將該方案副本轉交英王，以求裁決。而勞登勛爵則威脅稱將不再派兵駐守殖民地的邊境，試圖以此強迫議會作出讓步。

然而議會根本不為所動，並決定派富蘭克林與威廉父子前往倫敦，以提交自己一方的理由。

四月四日，富蘭克林作為州議會的使者，與兒子威廉一道離開費城前往紐約搭船，直奔倫敦向英王請願去了。

一七五七年七月二十六日，富蘭克林一行經過一個多月的海上顛簸後，終於抵達英國倫敦。

幾天後，富蘭克林在幾位朋友的幫助下，在斯特蘭德區克雷文街三號安頓下來，開始為向英國當局申訴進行準備。計劃在一年內結束這場沒有硝煙的戰鬥，打贏這場關係到殖民地人民權利和尊嚴的筆墨官司，儘早返回北美那片充滿生機的熱土和費城溫暖的家。

在等待樞密使約見的時候，富蘭克林拜訪了約瑟·福瑟吉爾博士。他是英國最早描述冠狀動脈硬化及白喉症狀的醫生，也是一位社會活動家，與富蘭克林私交甚篤。

當福瑟吉爾博士得知賓西法尼亞議會狀告總督的消息後很是驚訝，他再三勸誡富蘭克林冤家宜解不宜結，不如先與業主私下接觸一下，並準備替富蘭克林安排同業主湯瑪斯·比利會面。

富蘭克林覺得福瑟吉爾博士的話有道理，於是決定雙管齊下，與業主和官方同時進行交涉，以便儘早解決這一紛爭。

八月中旬，富蘭克林與以湯瑪斯·比利為首的業主舉行了會談。富蘭克林陳述了議會的申訴要點，但業主們要求他用書面一一列出來交給他們。

然而在八月二十日，當富蘭克林將一份書面申訴要點交給業主時，他們又要求他與他們的律師談。這次富蘭克林拒絕了，他聲言：除了業主本人，他不會與任何其他人談判這件事。

富蘭克林很清楚，業主們之所以這樣一再拖延拒絕，說明這份文件擊中了他們的要害，對其特權和財產構成了威脅。但雙方意見相左，爭執不下，最後湯瑪斯·比利將文件轉交給了檢察長，表示要徵求他的意見。結果文件在檢察長那裡一壓就是一年，富蘭克林再三催促也得不到答覆。

直到一七五八年十一月，業主們才準備了一份答覆寄給賓州議會，指責富蘭克林未按正常禮節處理此事，理由是富蘭克林在交給他們的申訴要點上沒有寫上「賓夕法尼亞州真正的絕對的業主」的稱呼。然而，就在這一年多的時間中，賓州議會已說服丹尼總督透過了一個議案，規定業主的財產也要像人民的財產一樣納稅。這樣一來，議會已沒有必要再回答業主的責問了。而業主們所要做的，就是當這個議案送到英國來時，設法阻止國王加以批准。

就在焦急等待的過程中，富蘭克林卻突然病倒了，而且一病就是兩個月。

（二）第一個博士頭銜

在業主們和有關當局對賓州的申訴拖拉延擱的日子裡，富蘭克林並沒有消極地觀望等待。這次到倫敦來，他隨身攜帶或是就地設計製作了最強有力的電學器械。一七五七年十二月二十一日，他寫信給皇家學會會長約翰·普林格爾，告訴他關於自己在賓夕法尼亞時的一例電療癱瘓病人的效果記述。另外，他還設計了一種既經濟又奇特的時鐘，後來經友人詹姆斯·弗格森先生改進而投入使用。他還為哈佛大學購買了電氣設備，認真地進行裝配，並為之配備了一份詳細的說明書。

一七五八年五月，富蘭克林與兒子到劍橋大學，與化學教授約翰·哈德里一道進行了蒸發實驗，並由此想到許多用水的蒸發來降溫或測風向的事例。

富蘭克林出色的科學研究工作和高尚的人品令他在英國民間引起了廣泛的關注，大家都十分尊敬這位為人類科學事業勤懇工作的科學家和社會活動家。一七五九年二月十二日，聖安德魯斯大學授予富蘭克林法學博士學位。這也是富

（二）第一個博士頭銜

蘭克林有生以來獲得的第一個博士頭銜，因此他感到異常的興奮和寬慰。

一七五九年，富蘭克林與業主之間的紛爭因賓夕法尼亞政壇發生的事件而出現了戲劇性的轉變。這年四月，為了支持七年戰爭，賓夕法尼亞議會說服總督丹尼批准了一項對業主土地徵稅十萬英鎊的法案。

該法案一發表，立刻引起了業主們的強烈不滿，因為這意味著對業主的財產也要像對平民一樣徵稅了。事發後，丹尼總督擔心會遭到業主指控，因此主動離職加入了英國陸軍。圍繞這個問題，富蘭克林與業主們的紛爭又開始了。

一七六零年六月，英國內閣舉行聽證會，就這一法案請雙方各陳理由，以供當局裁決。富蘭克林與業主及律師們展開了激烈的唇槍舌戰。經過聽證會的調解，雙方最終達成協議，規定：對業主未經測量的土地不予徵稅，對測量過的土地徵收的稅額不得高於其他同類土地的稅額。

幾天後，該法案獲得英國國王批准。這場歷經三年之久的紛爭終於以殖民地議會的勝利而宣告結束了。這項徵稅法案的重大意義不在於向業主徵收多少稅款，而在於議會終於獲得了長期以來所努力爭取的權益——對全地區所有的財產徵稅，業主封建性的免稅權被剝奪。

九月中旬，富蘭克林與兒子一起離開倫敦，前往考文垂。在那裡，他又計劃去柴郡、威爾士、布利斯特爾和巴斯，後來又遊覽了利物浦、格拉斯哥和伯明罕。到十一月中旬，他們又回到倫敦，因為此時的富蘭克林已成為賓夕法尼亞的官方代理人，需要在倫敦處理一些事務，暫時回不了費城。

直到一七六二年一月，富蘭克林才決定返回費城，但由於此時英法正在交戰，他需要等待軍艦護航。在等待期間，牛津大學又授予富蘭克林民法博士學位。四月底，富蘭克林去了牛津大學。三十日，在舉行的典禮上，賓夕法尼亞在英王陛下朝中的代理人、北美郵政總代理、皇家學會會員、聲名卓著的富蘭克林被授予了這一學位。同日，威廉·富蘭克林被授予文學碩士學位。

一七六二年八月二十四日，富蘭克林踏上了回歸北美的航船。兩個月後，富蘭克林回到北美費城的家中。

（三）屠殺印地安人

回到費城富蘭克林才發現，他已在一年一度的州議會選舉中被選入議會，正如在他出使英國五年中每年所做的那樣。人們都紛紛埋怨富蘭克林不該悄悄地返回城裡，不然他們應該派五百騎把他迎入城來。

一七六三年，英法七年戰爭終於結束了，北美的英法對抗也停止了。然而，它並沒有被北美印第安人和殖民者之間帶來和平。印第安人越來越清楚地看到了殖民者的所為，預計在軍隊退去後，接踵而至的必然是越來越多的移民。他們會奪去他們的土地，剝奪他們在故土打獵的權利。因此，印第安人，包括一向同英國殖民者友好相處的那些印第安人，也都變得騷動不安起來。他們或單獨行動，或團結在渥太華部落酋長龐蒂亞克的周圍，在漫長而廣袤的邊境地帶向英國人發動猛烈的進攻，不僅攻擊英國的軍事要塞，還血洗了沒有設防的居民點，在邊境地區造成了巨大的恐慌和混亂。對此，英國人氣憤地稱這場騷亂為「龐蒂亞克陰謀」。殊不知，正是他們自己背信棄義、以德報怨的舉動才導致事態的惡化。

第十四章　為殖民地爭取權益

其後，俄亥俄附近的堡壘也紛紛陷落，一股股印第安作戰人員蹂躪了東至坎伯蘭縣的賓夕法尼亞全境。一些邊境的英國殖民者為保護自己的身家性命，也紛紛武裝起來，用比野蠻人更加野蠻的手段對無辜的印第安人進行慘絕人寰的種族大清洗。

在蘭卡斯特縣，一些帕克斯頓和多內戈爾城的蘇格蘭-愛爾蘭籍移民組織起來，自稱「帕克斯頓之子」，卻將怒火發洩到居住在賓州境內一些安分守己的印第安人身上，並殘忍地殺害了蘭卡斯特附近康內斯多哥族印第安人和平村莊的全部村民。

血案發生後，新任總督約翰·佩恩兩次發佈公告懸賞捉拿這夥罪犯，但也只是象徵性地告示一下，結果不了了之。

無辜者的鮮血使一些良知尚未泯滅的人們受到了極大的驚嚇，也深深地震撼了富蘭克林那顆善良的心。理智告訴他，無論事情是如何引發的，屠殺事件的本質就是暴亂，必須給予強烈的譴責和堅決制止。

為此，在一七六四年一月，富蘭克林用熱烈的感情和動人的筆調寫下了《近

（三）屠殺印地安人

來蘭卡斯特縣屠殺印第安人的實錄》一文。在文中，富蘭克林寫道：

有些人想為這種重大的罪行開脫，稱「邊疆的居民因為他們的親屬在最近的戰爭中被敵對的印第安人殺害而激怒了」。這很可能。但是，儘管這可以成為他們進入叢林中去搜尋那些殺人者，並向他們復仇，但並不能證明他們轉身進入內地去謀殺他們的朋友。假如一名印第安人傷害了我，接下來我就可以向所有的印第安人報仇嗎？……那些可憐的老翁老嫗做了什麼？那些一歲的、吃奶的孩子做了什麼？竟然招致被槍殺斧砍！

這在歐洲是沒有教化的民族之所為。難道我們是到美洲來學習並實踐野蠻人的做法嗎？即使作為野蠻人，他們也只對敵人才這樣幹，而不是對朋友。生活在這樣一個時代，與這樣的人為鄰，他們真是不幸！……

這篇激烈而動人的文章發表後，立刻讓千千萬萬善良的人們瞭解了事實的真相，也使一時糊塗的人恢復了理智，同時也令那些殘暴的屠殺者名譽掃地。因此，富蘭克林也觸怒了某些有權勢的人，其中自然也包括賓夕法尼亞總督約翰·佩恩。

這位心胸狹窄的總督、業主後代，竟然用一種極為殘酷的方式回擊富蘭克林的文章：懸賞收購印第安人的頭皮。

結果，這種野蠻卑劣的行徑導致局勢進一步惡化，血雨腥風籠罩了賓夕法尼亞的全境。

二月初，一夥暴徒攜帶武器向費城洶洶而來，色厲內荏的總督嚇得六神無主，急忙屈尊向富蘭克林求助。為了確保費城的安全，頭腦冷靜的富蘭克林出面組織了一個協會，動員幾百名志願者參加城市護衛工作。當暴徒兵臨城下時，富蘭克林又冒著生命危險親自前去談判，終於令他們不戰而退。費城得救了。

(四) 繼任議長

七年英法戰爭不僅沒有給印第安人帶來任何好處，同樣也沒有給英屬北美殖民地送來什麼福音。戰爭剛剛結束，英國政府就開始醞釀要對北美執行更加嚴厲的統治政策，在政治和經濟上對北美進行高度的控制和壓榨。

（四）繼任議長

一七六四年三月，英王的忠實朋友喬治·格蘭維爾宣布要對北美殖民地徵稅和管理殖民地貿易的新法規，包括當時提出的印花稅議案。

雖然這些事情還在籌劃之中，但還是引起了富蘭克林高度的警覺和關注，並立即看到其中的危險性。因此，他立即坦誠地向英國的新殖民政策進行了嚴厲批評，並指出這種做法可能會導致的巨大危險。

但與此同時，富蘭克林對英國及其君主仍然懷有一種難以擺脫的眷戀之情，這也使他看不清宗主國是在有意削弱殖民地的商業貿易和製造業，以促進本國工商業的發展。殖民地與宗主國之間在經濟利益上存在著根本的矛盾和衝突。同時，他也沒發覺自己的思想已經落後於北美殖民地廣大人民的願望和要求，脫離了殖民地人民中正在升溫的革命情況。

基於這種理念，富蘭克林和議會中的一些重要成員認為：賓州由英王直接管理將比由業主統治強得多。因此，應該將賓夕法尼亞由業主殖民地變為王家殖民地。於是，議會與業主、總督之間的紛爭再次進入一個新的階段。

圍繞著業主殖民地的存廢問題，賓夕法尼亞社會內部也展開了激烈的鬥爭，

第十四章　為殖民地爭取權益

並分裂成為兩大政治派別：保守派主張保留原有的舊體制；而改革派則認為業主統治是一種罪惡，應該對賓夕法尼亞的舊體制進行徹底的改革，變業主殖民地為王家殖民地。

紛爭愈演愈烈，五月份，議會重新開會，主要議題是向英王請願，要求英王直接統治賓夕法尼亞。在這次會議期間，年邁的伊薩克·諾利斯辭去了議長一職。五月二十六日，富蘭克林被不記名投票選舉透過繼任這一職務。於是，富蘭克林以議長的身分簽署了他起草的一份致英王的請願書，要求英王「將賓夕法尼亞置於他的直接管理和庇護之下」。

為了能順利實現這一變革，議會於十月二十六日決定，派遣富有威望和談判經驗豐富的富蘭克林前往英國遞交請願書，並代表賓夕法尼亞處理與殖民地事務有關的其他問題。

十一月七日，富蘭克林在朋友和家人依依惜別。此時，妻子德寶拉心情很難平靜，但幾十年的聚散離別已經讓她變得堅強而豁達。她相信，最多到明年上半年，丈夫就可以平安返回了。可此時誰也沒有料到，富蘭克林與德寶拉夫妻間的此次離別竟然長達十年之久，並最終成為永訣。

一七六四年十二月九日，富蘭克林抵達倫敦，繼續住在克雷文街的房子中。距離一月十日英國國會召開日期還有一個的時間，富蘭克林顧不上因長途勞頓後染上的感冒剛剛痊癒，咳嗽還在陣陣發作，便集中精力考慮此行赴英完成使命的對策。他必須全力以赴地去履行自己的神聖使命——為殖民地人民的命運和利益奮力抗爭。因此，此次英國之行富蘭克林更多地是扮演一個反抗暴政和殖民壓迫的自由鬥士角色，雖然他從來都沒有失去儒雅謙和的紳士風度。

（五）印花稅法

富蘭克林代表賓夕法尼亞議會前來英國請願，在當時的形勢下，他的請願其實包含了兩方面的內容：一是請求英王建立對賓夕法尼亞的直接統治，一是反對英王批准印花稅法。前者是為賓夕法尼亞人民請命，後者則是為全體北美殖民地人民的共同利益而鬥爭。

第十四章　為殖民地爭取權益

為了達到以上目的，富蘭克林需要與英國的當權者進行談判，而且既不能讓步，又不能惹惱他們。對於請願的第一項內容，富蘭克林發覺樞密院的態度十分冷淡，甚至根本不願意傾聽請願書的內容。經過多次努力，直到一七六五年十一月，富蘭克林才將請願書呈遞給那些大臣。

然而，樞密院在拿到請願書後卻推託說，國王是無權干預業主和他的人民之間的事的。事實上，此時因殖民地人民反對印花稅的浪潮正在高漲，賓夕法尼亞議會請求英王直接治理在當時根本無法實現。而且，剝奪賓州業主的統治權的問題也一直到美國獨立後才真正得到解決。

對於印花稅的徵收，富蘭克林早就持反對態度。《印花稅法》於一七六五年三月在英國議會中獲得透過，經英王簽署頒布，於同年十一月生效。該稅法規定：殖民地中所有的印刷品，包括商業執照、法律文書、契約、報刊、曆書以及借款單據等，都必須繳納稅金後貼上「稅資付訖」的印花，否則便予以重罰。

這是有史以來英國對北美殖民地進行的範圍最為廣泛的一次橫徵暴斂，不僅給北美人民帶來了沉重的經濟負擔，還嚴重侵犯了他們的尊嚴和權益，因此引起了空前劇烈的反抗。

但是，目光短淺的英國統治者眼裡只有錢，對殖民地人民的反抗和代理人的呼聲置若罔聞。時任首相格倫威爾更是以不容商榷的口吻告訴富蘭克林：

「鑑於戰爭期間各殖民地議會對承擔戰爭費用持消極態度，《印花稅法》必須由英國議會批准後實施。」

同時他還警告北美人民：不要指望透過「暴亂」從政府這裡獲得讓步。

首相傲慢的態度激怒了富蘭克林，同時也引起了英國議會中一些開明人士的不滿。從內心來說，富蘭克林是十分厭惡並堅決抵制《印花稅法》的，但事情的進展也讓他看到，要想阻止這一法案的實施已經不可能了。與其奢談那些可望不可及的事，倒不如切切實實地做幾件能對該法案造成的惡果起消彌作用的實事。

為此，富蘭克林在這一時期向英國當局提出了幾項緩解危機的措施，並積極促使當局採納，其中包括廢除禁止在殖民地發行紙幣的法令和由各殖民地指派當地居民擔任徵稅官等。在富蘭克林看來，維護殖民地人民權益的問題要比廢除印花稅更為重要。因為印花稅的存廢問題是暫時的，但北美人民理應享有的自由和

（五）印花稅法

第十四章　為殖民地爭取權益

權益卻是永恆的。

印花稅法在北美殖民地引起了一片反對之聲，殖民地與政府的矛盾和爭端愈演愈烈。為了緩解這一稅法所造成的嚴重危機，在羅金厄姆首相的授意之下，下院於一七六六年二月舉行了一次聽證會，請各方代表就《印花稅法》問題陳述各自的意見和觀點。

在會上，最具權威性的北美人士富蘭克林自然成為眾人關注的焦點，各派人士都紛紛向他提出一個個尖銳敏感的問題。而富蘭克林也將這次會議看成是一次表達北美人民意志的好機會，因此他侃侃而談，既回答了代表們提出的問題，又藉機闡述了北美人民對《印花稅法》等問題的基本立場。

富蘭克林稱，這一稅法不僅侵害了北美人民的經濟權益和政治權利，同時也加深了殖民地與宗主國之間的矛盾，並且必將對英國的長遠利益造成損害。他還重申了「無代表即不納稅」的原則，表明了北美人民鬥爭到底的堅強決心。

富蘭克林對於廢除《印花稅法》的主張不僅得到了北美殖民地人民的熱烈歡迎，在英國社會內部也引起了強烈的反彈。局勢的嚴峻性令羅金厄姆內閣認識到

（五）印花稅法

廢除《印花稅法》已經勢在必行。

這次聽證會結束一個星期後，部分議員提出了旨在廢除《印花稅法》的法案，很快就得到了國會兩院的同意。三月八日，英國國王喬治三世簽署這一法案。《印花稅法》正式被廢除。

消息出來後，北美殖民地人民歡欣雀躍，人們都為廢除這一被富蘭克林稱為「災難之母」的法令而興奮不已。同時，反對印花稅法鬥爭的勝利也使北美的大多數人都深深地鬆了一口氣。在這一運動中，富蘭克林自然是做了許多卓有成效的工作，既表達了北美人民的正義呼聲，也聯合了英國社會內部反印花稅的政治勢力，為這一運動的最後勝利作出了不可磨滅的貢獻。

第十五章　周旋於美英之間

把別人對你的詆毀放在塵土中，而把別人對你的恩惠刻在大理石上。

——富蘭克林

（一）抵制英貨

一七六六月二月，《印花稅法》被廢除後，富蘭克林要求賓夕法尼亞議會准許他回到美洲去。但是，得到的答覆卻是州議會任命他為下一年該州駐英的代理人。

這時，英國當局對美洲殖民地的壓迫更加變本加厲了。一七六六年七月，羅金厄姆內閣因《印花稅法》的廢除而倒台，英王授權威廉．皮特組成聯合內閣。皮特向來以精明果斷而聞名政壇，但此時他一進入暮年，上台不久就因痛風卸任了。這樣，政府的領導權便落入財政大臣查爾斯．唐森手中。

唐森曾是《印花稅法》的有力支持者，而且一向不對北美抱友善態度。上台後，他更是想方設法加強對北美殖民地的控制和壓榨。

從一七六七年五月起，英國政府便連續頒布了好幾項由唐森提出的條例，諸如：《中止紐約議會條例》，宣布臨時解散紐約州議會，因為紐約議會曾反抗一七六五年英國頒布的懲治叛變條例——該條例規定殖民地須繳納特別稅，供養殖民地境內的英國駐軍的開支。

另外的兩個條例也是為徵稅而制定的，如徵收從英國輸到殖民地的貨物——紙張、玻璃、鉛、顏料、茶的入口稅，用來支付殖民地司法和行政的經費，並規定英國關稅稅吏有權闖入殖民地任何民房、貨棧、店鋪，搜查違禁品及走私貨物等。

英國政府的這些做法再次引起北美殖民地人民的強烈不滿，英國與北美殖民地的關係也日趨緊張。

九月，英國內閣再次出現變動：唐森死去了，由諾斯勛爵繼任。新內閣不僅表示《唐森條例》繼續有效，而且還向北美殖民地尤其是波士頓派出收稅的官員，去那裡制止走私、收取關稅。至此，關稅已成為強加在殖民地人民頭上的一種賦稅。

在這樣嚴峻的形勢下，富蘭克林再次擔當起維護北美洲殖民地權益的職責，對英國政府這種不明智的統治方式表示強烈不滿。

（一）抵制英貨

與此同時，北美殖民地人民則以更加激烈的方式展開了反對《唐森條例》的鬥

第十五章　周旋於美英之間

爭。一七六八年，麻薩諸塞議會聯合維吉尼亞議會共同向殖民地各地發出了一個《通告令》，呼籲各殖民地聯合起來，共同進行抗議活動，堅持「無代表即不納稅」的原則。

很快，各殖民地掀起了一場聲勢浩大的不進口英國貨的浪潮，商人們也積極進行違反《唐森條例》的貿易。婦女們也在統一的組織下，紛紛公開紡紗織布，鼓勵人們穿自制的布衣，抵制進口英國的布匹衣料等。

維吉尼亞議會的代表在喬治・華盛頓和湯瑪斯・傑佛遜等人的領導下，組織了一個抵禦英貨的協會，並宣稱：

「任何人如果透過演說或著文，維護或堅持除本殖民地協會以外任何人或團體有權利或權力向本地居民強派或徵稅者，都將被視為英王陛下殖民地的敵人。」

為了抵禦英國的武力鎮壓，一些地區的議會還以防範印第安人為名，號召居民們拿起武器，嚴陣以待。

殖民地抵制英貨運動的結果，令英國對北美的貿易受到了沉重的打擊。英國政府又被迫廢除了《唐森條例》。

（二）成為各州代理人

在殖民地人民的強烈抵制之下，《唐森條例》雖然被廢除了，但英國當局與北美殖民地的矛盾不僅沒有消除，反而日益加劇，最終釀成了一場震驚世界的慘案——「波士頓慘案」。

一七七零年三月五日，駐波士頓的英軍與當地群眾發生衝突，英軍指揮官普利斯頓上尉竟然下令向手無寸鐵的群眾開槍，當成打死四人，打傷多人，造成了流血事件。

這一事件的發生瞬間便驚動了整個北美洲。群眾反抗鬥爭的浪潮再次高漲，大有革命爆發瞬時爆發之勢。這時的富蘭克林繼一七六八年被喬治亞、一七六九年被紐澤西委任為代理之後，又於一七六九年十二月被委任為麻薩諸塞的代理人。作為殖民地幾個州的代理人，富蘭克林堅決站在殖民地這一邊，為北美洲殖民地的利益奮鬥。

同時，富蘭克林也隱隱約約地感到：在他所生活的這個時代，即將會看到大

第十五章　周旋於美英之間

英帝國的一場悲劇——北美殖民地與母國的分裂。在這場反對《唐森條例》的鬥爭中，富蘭克林逐漸對自己的過去帝國觀念產生了厭倦，認為它不過是一個虛幻的海市蜃樓而已。

富蘭克林不僅預測到了美英之間矛盾衝突的發展，而且也預言了結果：勝利終將屬於殖民地人民。但他始終認為美英決裂會是一場災難。他說：

「我不敢妄稱有預言家的天分，歷史表明，由於這樣事態的發展，偉大的帝國曾經化為灰燼；最近的我們有如此之多的理由去抱怨的政府措施表明，我們正處於同樣的進程中，表明如果雙方不表現出更多的明智和謹慎，我們可能會得到同樣的下場。」

與富蘭克林在英國乃至歐洲的學術圈子裡廣交朋友、聲名漸增的同時，英國國王和內閣對富蘭克林卻懷著另外一種感情。

他們覺得，這個美洲殖民地的代理人不斷向他們為殖民地人民爭取權益，英國政府的任何政策凡涉及北美殖民地利益者，都會令他警覺並積極採取行動，或向各方面要人遊說，或撰稿在報刊動員公眾輿論，措辭雖然不失分寸，但卻毫不讓步。所以，英國當權者決心將富蘭克林從英國政壇和英美事務中驅除出去。

就在這時，哈金森事件突然發生了，它將富蘭克林深深地捲入到矛盾鬥爭的漩渦當中，並促使這位溫文爾雅的北美紳士與英國政府徹底決裂。

一七七二年冬，富蘭克林得到了一宗時任麻薩諸塞總督湯瑪斯·哈金森及其內地安德魯·奧利弗在一七六七到一七六九年間寫給當時的英國政府要員、銀行家威廉·惠特利先生的信件。在寫信時，哈金森是該殖民地副總督，奧利弗為總督祕書，都是北美「一些最有身分的人」。

由於二人在印花稅風潮中受到了北美人民運動的衝擊，住宅也遭到了某些激進分子的圍困或毀壞，因此他們對北美人民及其反英運動懷有刻骨的仇恨，希望英政府能對殖民地人民進行嚴厲的懲罰和鎮壓。在往來的信件中，他們便流露出這種極端仇視的心理，公然要求英政府對北美殖民地嚴加管束，甚至要求政府派軍隊進行鎮壓，用武力恢復殖民地的秩序。

同時，他們還要求剝奪殖民地議會的官吏任免權，由英國王室任命總督、法官等官吏。哈金森甚至的一封信中狂妄地叫囂：

「必須果斷地從英語中刪除『自由』一詞。」

這些信後來便轉到了富蘭克林手中。至於是誰傳給富蘭克林的，富蘭克林為了信守諾言，始終沒有披露。

在拿到這些信後，富蘭克林認為有必要讓麻薩諸塞的領導人知道信中的內容，以便讓殖民地人民清楚他們鬥爭目標應該是誰，讓反抗鬥爭逐步升級的北美殖民地革命運動的領導人和群眾認識到是英王和英國內閣誤信了這些人的報告和建議，才對殖民地使用鎮壓手段的。富蘭克林的目的其實是想讓雙方消除「誤會」，以保持英帝國的聯合與統一。因此在一七七二年十二月，富蘭克林將這些信件的原件寄回了波士頓。

可以說，這時的富蘭克林雖然對英國政府對待殖民地的態度頗感失望，但他還是對英國懷有感情和幻想的，希望能儘量緩和矛盾，避免因矛盾激化而導致英國和北美殖民地徹底決裂。他認為，這樣的解決對雙方都是極為不利的，北美人民會受到更加嚴酷的壓制，而英國則可能因此而徹底失去它的殖民地。

（三）波士頓茶葉事件

儘管富蘭克林在大多數情況下都是態度溫和的，但現在他已經越來越深刻地意識到：大英帝國統治的危機已經積重難返，英美兩地的矛盾必將因英國內閣的頑固立場而愈演愈烈。他甚至開始意識到：在英美這一問題上，英國國王負有不可推卸的責任，雖然他認為國王是受到了某些人的矇蔽。

不過，富蘭克林並沒有在公開場合表達這一想法，只是在一七七三年七月中旬給兒子的信中談及這一問題。他寫道：

「不要外傳，我坦率地告訴你，近來我對我們實行的政策在相當程度上都出自於國王。他在許多事情中扮演了他的朋友所認為的強硬角色。國王接受了一些錯誤的印象。」

正因為如此，富蘭克林強烈地感到，英美的分裂已經不可避免了，如果英國政府不馬上懸崖勒馬的話。

在這種思想的支配之下，一七七三年九月，富蘭克林連續發表了兩篇文章——《縮小帝國要訣》和《普魯士國王敕令》，向英國當局發出了最為嚴重的警告。

《縮小帝國要訣》以幽默辛辣的筆觸對英國在北美犯下的罪行進行了淋漓盡致的揭露和抨擊，一針見血地指出英國可能會因此而失去北美這塊殖民地。他指出：

「一個龐大的帝國就如同一塊大餅，其邊緣部分最容易消失。為了能在薑餅烤好後毫不費力地將它們弄碎，聰明的烤餅師傅會在烤制前就已經將餅在某些地方半切開了。」

這是富蘭克林迄今為止公開發表的最為大膽的言論，其鋒芒直指那些平日裡對北美殖民地及其代理人頤指氣使的朝廷重臣。

而同時發表的《普魯士國王敕令》一文，富蘭克林將影射的矛頭直指英國國王。文中的普魯士王弗雷德里克大帝向普魯士的殖民地不列顛發出敕令，指責不列顛不向普魯士輸捐納稅。儘管普魯士「在上一場戰爭中為保護這塊殖民地和法國軍隊打過仗」，但他肯定不列顛不應該反對普魯士的「公正而理智的管理」，因為這是模仿不列顛自己的作法而實行的，也是「從不列顛用於對待它自己的愛爾蘭和美洲殖民地的好政府的國會法律，不列顛王公們的指示，以及兩院的決議」中引用來的。

這種辛辣的諷刺和振聾發聵的吶喊，表達了多年壓抑在北美人民心中的憤怒情緒。富蘭克林認為，在透過多次呼籲、請願和談判毫無效果的情況下，透過這種比較特殊的刺激，也許能夠讓英國政府意識到北美人民的痛苦和呼聲，從而促使他們取消各種錯誤的政策，從而恢復英國與北美之間的和諧關係。

但是，這也只是富蘭克林的一種善良的願望而已，歷史的發展是不會以任何人的意志為轉移的。就在這兩篇文章發表不久，「波士頓茶葉事件」又發生了。

在一七七三年下半年，英國和北美殖民地之間的關係日漸惡化，茶葉成為這一時期雙方矛盾鬥爭的焦點。在《唐森條例》被廢除後，茶稅仍然保留著，殖民地商人只能用走私的辦法運進茶葉。

一七七三年，英國政府透過法令，允許英屬東印度公司在北美殖民地廉價銷售積壓的茶葉，並只對東印度公司徵收輕微的茶稅。這樣一來，東印度公司輸入北美的茶葉價格就比走私的茶葉價格便宜百分之五十。為了實施這一條例，英國政府還禁止北美殖民地人民購買走私的茶葉。而東印度公司在運進茶葉的同時，還會捎帶運進其他貨物入口，這就必將干擾殖民地的市場。

這種做法令殖民地的走私商人感到了恐慌，於是這些商人便以愛國為由，發動群眾，抵制東印度公司運來的茶葉：在費城和紐約，被動員起來的群眾拒絕卸貨；在查爾斯頓，茶葉雖然運上了岸，但不準發售；在波士頓，在「走私王」的漢考克和塞繆爾·亞當斯的支持下，一批激進的革命黨組織了波士頓茶黨，並於一七七三年十二月十六日夜晚化裝成印第安人，登上了東印度公司的三艘茶船，將價值一點八萬英鎊的三百多箱茶葉全部傾入海中。與此同時，在紐約、紐澤西等地也相繼發生傾茶事件。

傾茶事件大大地鼓舞了北美人民的鬥爭士氣，各地反英運動迅猛高漲，形成了一股巨大的革命洪流，英國的權威已經被憤怒的北美人民拋於腦後。

在這種情勢之下，英國統治集團也非常憤怒，決心要將北美人民的反英鬥爭鎮壓下去，以維護並進一步加強英國的殖民統治。喬治三世甚至咬牙切齒地宣稱：
「局勢已經無法轉變，殖民地或者投降，或者勝利。」
就這樣，一方面是英國的暴政，一方面是反抗英國保證的美利堅民族，一場疾風驟雨式的革命已經無可避免。

（三）波士頓茶葉事件

第十五章　周旋於美英之間

第十六章　忍辱負重

爭吵是一種人玩的遊戲。然而它是一種奇怪的遊戲，沒有任何一方曾經贏過。

——富蘭克林

（一）哈金森信件

當「波士頓茶葉事件」的消息傳到倫敦後，富蘭克林不以為然。他認為，傾茶事件屬於「暴烈的非正義行動」，波士頓人對此應主動、迅速地作出賠償。而就在這時，他自己的一場更大的麻煩已經近在呎尺。

一七七三年十二月初，「哈金森信件」之事在倫敦造成了一段醜聞。當時，收信人湯瑪斯．惠特利已經故去，而湯瑪斯．惠特利的兄弟兼其遺囑執行人威廉．惠特利早在這年的九月就遭到人們的指責，稱是他讓這些信件公之於眾的。

原來，當麻薩諸塞州的議會領導人收到富蘭克林轉給他們的信件後，十分氣憤，遂向英國政府要求解除哈金森的總督和奧利弗首席檢察官的職務。於是，哈金森信件的情況逐漸為世人所知。而受到輿論譴責的威廉．惠特利則矢口否認自己與此事有關。

這一突發事件令本已焦頭爛額的英國統治者寢食難安，並將富蘭克林也捲入到這一場前所未有的爭吵當中。

（一）哈金森信件

威廉·惠特利對自己遭受的譴責惱羞成怒，他回憶起海關官員約翰·坦布爾曾於一七七二年十月向他要求看看當年寫給湯瑪斯·惠特利的信件，並得到許可。於是，威廉·惠特利便指責是坦布爾拿走並傳閱了這些信件。但坦布爾對此斷然否認，兩人為此發生了一場激烈的決鬥，結果惠特利受傷。

事件發生後，兩人都未曾提到富蘭克林的名字，富蘭克林本可以保持沉默。但惻隱之心讓他沒有這樣做，他擔心兩人之間的流血決鬥愈演愈烈。因此，在聖誕節這天，富蘭克林發表了一個公開聲明，稱是自己將這些信件傳閱出去的，但他始終沒有說出到底是誰給了他這些信件。為此，富蘭克林也成為所有矛盾的焦點。

就在富蘭克林深受攻擊時，一七七四年一月二十日，報紙上又刊登出「波士頓茶葉事件」發生的報導。這一消息的傳來如同火上澆油，令英國當局對富蘭克林更加痛恨，他們將滿腔的怒火都發洩在這個北美殖民地總代言的頭上，決定讓他身敗名裂，永世不得翻身。

一月二十九日，富蘭克林被通知出席樞密院殖民地事務委員會召開的聽證會。此時，威廉．惠特利已正式對富蘭克林提出起訴，控告他用卑劣的手段獲取其兄長的信件，並非法傳播，從中牟利。

在聽證會上，富蘭克林遭受了近一個小時暴風驟雨般的譏毀詬罵。六十八歲高齡的富蘭克林戴著他那老式的假髮，穿著曼徹斯特出產的帶花紋的天鵝絨禮服，站在壁爐旁邊一動不動，就連臉上的表情都紋絲不動，目光裡帶著某種聖潔光彩的灰色眼睛迎接著面前這些滿懷敵意的表情。他很清楚，在這種情勢下，任何抗辯都是毫無意義的，他只能保持沉默。

即使是那樣的情勢之下，富蘭克林最擔憂的仍然是英美關係的前途。二月十五日，他給朋友的信中寫到：

「人們以為，在那種場合下我一定十分憤怒。……但真的，我為我個人而有的感受早已消融在我對公共事務的憂慮中。當我看到所有的請願和怨忿對當局來說都如此可憎，而唯一傳輸它們的渠道也越來越受到破壞，我真的不知道和平和統一該如何在帝國的不同組成部分之間保持下去或得到恢復。」

就是這樣懷著為自己而感到的憤怒和為美洲而感到的絕望，富蘭克林以其特有的精明和明智，聽完了聽證會對他的長篇攻擊，然後自己一個人靜靜地回到家中。

（二）北美殖民地獨立

聽證會後的第二天，富蘭克林就接到一封信，通知他已被解除北美郵政總代理的職務。對於這個結果，富蘭克林並不感到突然。自從投身於社會公共事業以來，雖然他也時常考慮個人事業的得失，但他最關心的還是如何為人類創造財富，為北美人民謀福利。為了實現這一夙願，他大半生都苦苦奮鬥，歷經坎坷也無怨無悔。因此，對於被解職一事他並不感到有什麼遺憾。

只是讓富蘭克林感到憤怒和失望的是，樞密院於二月七日批准了委員會的報告。這就意味著，英國國王已經駁回了殖民地的請願書。

面對英國統治者這種頑固愚昧的態度，富蘭克林對英國政府寄予的良好希望更加渺茫了，因為他一貫認為：

第十六章　忍辱負重

「無論哪個國家，禁止流露不滿情緒都是十分危險的，因此明智的政府總是寬容地接受請願書，哪怕它們只有少許的道理。那些被認為受到統治者傷害的人，有時也會因為一個溫和慎重的回答而認識到他們的錯誤。但是，如果抱怨被當成是一種罪過，希望也就變成了絕望。」

對英國內閣、國會和國王喪失了信心的富蘭克林，開始迫切地想要返回家鄉，回到那熟悉親切的土地，在那溫馨祥和的家庭氛圍中度過晚年。他已經整整十年沒有回家了，每次想到這些，一種去國懷鄉的悲涼情懷就會湧上心頭。

但是，富蘭克林還是未能離開倫敦，因為此時，大洋兩岸的形勢正在急轉直下。作為北美殖民地事實上的總代理人，富蘭克林不能在這個關鍵時刻為了個人的恩怨離開他的戰鬥崗位，而是必須忠於職守，完成肩負的神聖使命。

一七七四年，英國統治當局在毫不讓步的前提下，對殖民地人民的反抗怒潮頒布了五項高壓政策法令，以報復殖民地人民的傾茶行動，加強鎮壓。

這五項法令分別為：封閉波士頓海港，在波士頓人民償付被毀茶葉的價款前，斷絕波士頓的對外通商；取消麻薩諸塞地方憲法，改組其政治機構，州參議

（二）北美殖民地獨立

院議員、一切官吏的任免均由英王或總督任命；擴大一七六五年駐營條例規定的英國駐軍的居住權限，規定英軍可在殖民地的一切旅館、酒店及其他公共建築物自由駐紮；規定英國官吏如犯罪，須送到英國或英屬加拿大東部的諾法斯科西亞審判；將俄亥俄河以北、賓夕法尼亞以西原為殖民地邊疆的廣大地區劃歸英王直轄殖民地魁北克。

這五項法令明顯剝奪了北美人民的政治和司法權利，並造成了波士頓等地嚴重的經濟蕭條，殖民地人民的不滿和憤怒達到了最高點。各殖民地人民開始紛紛支援在英軍圍困下瀕於絕境的波士頓人民；六月，塞繆爾．亞當斯起草公約，號召美洲人民抵制英貨，各地紛紛響應。

在這種嚴峻的形勢之下，一七七四年九月五日，各殖民地議會派出代表在費城召開了第一屆大陸會議，共商反英鬥爭的大計。在這次會議上，北美殖民地獨立的主張第一次被了提出來。

自聽證會後，富蘭克林就很少與英國內閣再打交道了，但他的心始終與自己的故土——北美洲緊密地聯繫在一起。此時，他的思想立場還沒有轉變到脫離母國獨立這點上來，但他也不再對英國當局者抱任何希望了。這讓富蘭克林這一時期的思想十分矛盾：一方面，他希望透過北美人民的英勇鬥爭促使英國內閣發生更迭，讓開明的政治集團上台執政，修改其錯誤的殖民地政策；另一方面，他又擔心反英鬥爭的高漲會引發一場大規模的戰爭。

為此，富蘭克林希望能夠透過自己的努力，既能維護北美人民的基本政治經濟權利，又不至於出現大的流血衝突。所以在英最後期間的政治活動，富蘭克林幾乎都是圍繞這一目的進行的。

不過，即使在最為忙碌的時期，富蘭克林也沒有停止他畢生最熱愛的事情——科學研究和寫作。

(三) 再見了，倫敦

英國與北美殖民地的矛盾日漸加深後，英國統治階級中一些不同意採取走極端的統治方式人士對內閣目前的殖民地政策也深感憂慮，他們試圖尋找某種渠道

(三) 再見了，倫敦

與殖民地人民進行溝通，以妥協讓步的辦法解決危機，避免戰爭的爆發。而率先走出這一步的，是病休三年後復出的威廉·皮特——卡薩姆勛爵。

一七七四年八月，富蘭克林應邀訪問了卡薩姆勛爵，討論了有關美洲危機的問題。在討論中，富蘭克林指出：英國當局目前的殖民地正常並非從整個大英帝國的利益出發，而是為了維護某一部分人的利益。英國的有識之士應積極發揮作用，修正錯誤的政策，以恢復英美之間的團結。卡薩姆勛爵對此表示贊同，並表示對殖民地的一些限制性措施應加以修改。

除了與卡薩姆勛爵保持密切聯繫之外，富蘭克林還與一些同卡薩姆懷有相似意願的英國官方人士進行了接觸。十一月份，銀行家戴維·巴克利博士拜訪了富蘭克林，試探性地詢問富蘭克林是否可以提出殖民地與英國和解的初步方案。當晚，富蘭克林又與達特莫斯的私人醫生福瑟吉爾和巴克利舉行了會談，答應會儘快草擬一份計劃。

幾天後，富蘭克林提出了「十七點」的對話要求。

在商業問題上，富蘭克林指出，美洲殖民地可以宣誓在英國與外國交戰時幫助英國，也可以接受英國的商業壟斷，但要廢除一切限制殖民地製造業的條例。

關於殖民地的權利，富蘭克林提出：英國必須將殖民地的立法權還給殖民地人民，並且不在和平時期徵稅。他強調，堅決反對英國國會改變美洲殖民地的法律和憲章；並且表示：為捍衛自己的法律和憲章，殖民地人民「不惜付出生命及一切代價」。

富蘭克林提出的要求與英國當局出現了分歧，但英方還是認為從中「看到了一線光明」。

十二月十八日，北美大陸會議的請願書送到了倫敦，富蘭克林將其轉交給達特莫斯，由他呈交給英王。次日，富蘭克林又將請願書副本呈送給卡薩姆勛爵，並與之進行了會談。卡薩姆勛爵贊同這份請願書，並表示會在上院為北美殖民地說話。

一七七五年一月二十一日，卡薩姆勛爵向上院提交了一份關於北美殖民地問題的議案，請求英王從殖民地撤走英國軍隊，並高度讚揚了大陸會議的行動，肯定了北美人民反抗壓迫性法令的行為。但是，該法案遭到了大多數代表的抵制，

（三）再見了，倫敦

最終以十八票對六十八票遭到否決。

此後，富蘭克林又多次與巴克利、福瑟吉爾等人進行商談，希望透過和平談判的方式達成和解，化解日益嚴重的北美危機。但由於英王和內閣要員固執己見，缺乏誠意，富蘭克林的努力並沒有獲得實質性的進展。

就在這時，富蘭克林突然接到了一個不幸的消息：妻子德寶拉已於一七七四年十二月十九日因病去世。得到這個噩耗後，富蘭克林非常悲痛。他感到自己再也不能等待下去了，必須儘快返回北美。

一七七五年三月下旬，富蘭克林乘驛車前往樸茨茅斯，在那裡搭乘賓夕法尼亞遊輪返回美洲。

佇立在甲板上，望著漸漸模糊的英倫三島，富蘭克林不禁愴然淚下。是為那些再也見不到的長眠於九泉之下的妻子，是為了他曾深愛卻不得不與徹底決裂的母國，還是為了那些無法躲避戰火煎熬的苦難的北美同胞？

這個問題的答案可能只有富蘭克林自己清楚。

再見了，倫敦！

第十六章　忍辱負重

第十七章　為獨立而鬥爭

你熱愛生命嗎？那麼別浪費時間，因為時間構成生命的材料。

——富蘭克林

第十七章　為獨立而鬥爭

（一）父子對抗

一七七五年五月五日，富蘭克林抵達費城。此時，萊辛頓已經爆發戰爭，偉大的美國獨立戰爭已經拉開序幕。

背井離鄉十年有餘的富蘭克林回到了費城的家。可惜的是，家中已經沒有了妻子的身影。富蘭克林與女兒薩拉、女婿理查·貝奇等家人共敘久別之情。尤其是德寶拉去世的前前後後，讓他好一番痛惜。

此時，最讓富蘭克林感到痛心的還是兒子威廉的境況。出乎他的意料，當北美人民的反英運動風起雲湧，以及他在英國為維護北美人民基本權益而苦苦鬥爭時，他最喜歡的兒子威廉卻站到了殖民壓迫者的反對陣營當中，頑固地與殖民地人民對抗，最後甚至充當了紐約保皇黨聯盟的主席。

富蘭克林曾苦口婆心地勸阻威廉，但威廉毫無悔改之意。就這樣，父子倆曾經那種親密無間的感情消失了，年屆古稀的父親成了堅強的革命領袖，而風華正茂的兒子卻站在了人民的對立面。兩人從此分道揚鑣，越走越遠，這恐怕是樂天

（一）父子對抗

知命的富蘭克林一生當中最為遺憾的一件事。

幸好還有女兒薩拉陪在他身邊，以及兩個剛剛見面的小外孫——班傑明和威廉，他們給富蘭克林帶來了一些意外的驚喜和快樂。然而，日益緊張的局勢迫使富蘭克林不得不放棄溫暖舒適的家庭生活，再一次投入到殖民地人民的革命戰鬥中。

在回到費城的第二天，富蘭克林就被選為出席大陸會議的代表。五月十日，第二屆大陸會議在費城開幕，富蘭克林作為正式代表出席了會議。

這時，戰爭已經開始，歷史賦予這次會議的中心任務是承擔起北美最高權利機構的責任，有效地領導和組織戰爭。但在會議進行過程中，一些人仍對宗主國英國抱有和解的希望，主張避免流血衝突；而另一部分人的獨立意識已大大增長。這種思想上的差距隨著會議的召開也不斷拉大，乃至整個會議期間都充滿了尖銳的思想交鋒。

在這次大會上，獨立戰爭期間美國的菁英人物幾乎全部登場了，尤其以其中的幾個面孔最為引人注目：一個是維吉尼亞傑出的軍事家和政治家喬治·華盛頓，當時正值壯年，精力充沛，剛毅果敢，威武不屈，具有拔山蓋地的英雄本色；第二個是會議中最年輕的成員、以著《英屬北美權利概觀》一書而聞名於世的湯瑪斯·傑佛遜，他那博大精深的、帶有濃厚人文主義色彩的民主思想體系，在當時的北美發生了極為廣泛而深遠的影響；第三個就是時年六十九歲的班傑明·富蘭克林，也是此次會議中最年長的議員，他思想激進，德高望重，此時已成為堅決的反英鬥士。

在時代的浪潮之下，這三位偉大的歷史人物終於匯聚在一起，準備用他們那堅實有力的臂膀共同托起美利堅民族那輪冉冉升起的旭日。

(二) 英國政府拒絕和解

一七七五年七月，大陸會議表決透過了由迪金森起草的一份向英王遞交的措

（二）英國政府拒絕和解

辭更加恭順的《橄欖枝請願書》，表示仍願意效忠英王，企求英王能夠糾正議會的錯誤政策，與北美實現和解。

比起在座的各位代表，富蘭克林在英國的生活經歷使他更加瞭解英王和他的內閣。他相信，遞交請願書只會是徒勞無益。

果然，八月二十三日，英國王室宣言宣布：美洲殖民地人民是叛逆者。並警告所有的人都不得幫助他們。富蘭克林已經看到，殖民地必須武裝起來。只要取得力量，就必將能夠迫使英國內閣尋求和平解決。

在那麼多年尋求和平解決方法的過程中不僅未能成功、反而落得傷痕纍纍的富蘭克林，此時比任何人都更加清楚，尋求和平的唯一方法就是用武力去爭取。因此，他一旦決定走出革命的這一步，也必然更加反對妥協，更加義無反顧。

由於英國政府拒絕和解，大陸會議也開始在北美正式行駛最高權力機關的職能。它發佈命令：在北美全境發行紙幣，籌集武器、彈藥和各種戰備物資，廣泛招募兵員，並成立了處理軍事事務的委員會，由喬治．華盛頓出任主席。

此外，大陸會議還做出了一項重要決定：將新英格蘭民兵整編為大陸軍，

第十七章　為獨立而鬥爭

任命華盛頓為大陸軍總司令。同時，因富蘭克林深孚眾望，對美利堅民族的事業富有高度使命感，故大陸會議委託給他多項重任，前後擔任過的職務多得數不勝數。

雖然此時的富蘭克林已經是一位七十歲的老人了，但在履行這些職責時，他始終都不敢有半點懈怠，總是充分利用自己多年累積的豐富經驗盡心盡力完成。

五月二十九日，富蘭克林主持了一個委員會，以建立一個郵政系統。七月二十五日，他提交了工作報告，第二天便當選為郵政總長，年薪為一千美元。但這些錢富蘭克林分文未取，全部用於救助傷兵了。富蘭克林按照他的計劃建立起來的郵政系統，成為後來美國統一完整的郵政系統的基礎。

七月三日，富蘭克林當選賓州公安委員會主席，在議會休會期間負責地方安全保衛工作。在職期間，他整天都忙於訓練和武裝平民，還曾受託設計了一種裝備軍隊的長矛，並設計組織在河道中鋪設了十七處障礙，修建了十三艘武裝船隻。

七月十三日，富蘭克林又受命負責處理居住在賓夕法尼亞和維吉尼亞以西的

（二）英國政府拒絕和解

中部印第安人事務，並組織戰爭所需物資的進口。

整個八月，富蘭克林的大部分時間都忙於在賓州組建國民自衛隊，為戰船遴選軍官，為部隊獲取藥物，並將火藥從費城軍火庫送往紐約的公安委員會等等。

九月是富蘭克林最為繁忙的一個月份之一，他先是被派往一個祕密委員會工作，進行槍用火藥的進口；二十二日，他又成為美洲貿易委員會委員；二十七日，他出席美洲哲學學會的年會，並擔任會議主席；三十日，大陸會議選派他與兩位同事前往坎布里奇，與華盛頓和新英格蘭當局會談關於援助軍隊作戰的問題。

一七七六年初，富蘭克林辭去了賓夕法尼亞議會和公安委員會中的職務，專心致力於大陸會議中的各項工作。同時，他還接受大陸會議的派遣，前往加拿大，去爭取法裔加拿大人對英屬北美殖民地的援助。但由於種種原因，他們最終無功而返，富蘭克林還在艱苦的長途跋涉中大病了一場。

(三) 新的國家即將誕生

就在富蘭克林忙於為戰爭做準備時，北美的政局也發生了翻天覆地的變化。自從萊辛頓打響了武裝反抗的一槍之後，隨著第二次大陸會議的召開，北美殖民地人民反英武裝鬥爭便轟轟烈烈地展開了，而且鬥爭形勢愈演愈烈，已從局部蔓延到英屬北美殖民地的各個角落，很有可能發展成為一場曠日持久的大戰。

隨著鬥爭的深入發展，一個急待解決的問題也愈加明顯地擺在北美人民面前：北美人民到底為何而戰？

當時，北美的大多數革命領袖都認為，與英國當局爭鬥的目的，就是想讓英國當局放棄對殖民地的壓迫政策。一旦這個目的實現了，北美就應放下武器，與英國恢復和諧的關係。

北美大多數民眾也抱有大致相同的看法，他們還都將英國當成自己的祖國，認為自己是大英帝國的臣民。因此，他們積極投入反英戰爭，也只是希望透過這種方式讓英國政府作出讓步，讓北美再次恢復到一七六三年以前的和平狀態。

（三）新的國家即將誕生

但從一七七六年初開始，情況發生了變化。英國國王喬治三世剛愎自用，多次拒絕北美要求和解的請願書，並且一再揚言：要絞死殖民地的每一個叛亂首領。秉持著英國國王的旨意，英國政府調兵遣將，將幾萬精銳部隊運往北美，對殖民地人民進行瘋狂的鎮壓，造成了人民生命財產的巨大損失。

北美人民漸漸看清了：英國國王是決心要用屠刀將北美人民的鬥爭扼殺的血泊之中，根本就沒有打算再次接納北美殖民地。

英國的殘酷鎮壓也激起了殖民地人民更大規模的反抗，各地區的愛國者紛紛行動起來，推翻了頑固的反動總督及地方議會，建立起了新的革命議會和地方政權，並開始有效地履行職責。

時間發展到一七七六年一月，這種革命議會和地方政權已經牢固地控制了十一個殖民地。至此，英國在北美殖民統治的根基徹底動搖了，北美人民獨立的意識也漸漸甦醒。

一月十日，湯瑪斯．潘恩——當時費城的一名記者——發表了他所著的《常識》一書。這本書中的內容就像一聲嘹亮的號角，穿破人們思想中尚存的疑雲惑霧，直貫雲天，使獨立的觀念在整個「大陸」的大地上不脛而走，植入了革命人民的腦海。它徹底摧毀了英王在北美人民心目中的美好形象，隔斷了他們對英國感情的最後一根臍帶，鼓舞著他們拿起武器，義無反顧地為民族權利和國家獨立而戰鬥。一個新的國家即將誕生。

這時，英國議會頒布了一項絕對封鎖令，宣稱禁止任何國家同北美殖民地之間進行貿易往來。消息傳來後，大陸會議針鋒相對地宣布：北美殖民地的港口向所有國家開放，除了英國以外。

儘管富蘭克林與亞當斯、傑佛遜同為最早、也是最堅決地主張殖民地與英國決裂的會議代表，但在獨立的問題上，賓夕法尼亞卻落在了後面。已面臨分裂的賓州代表受到保守的州議會約束，而州議會正在州政廳的另外一個房間開會。作為大陸會議的會址，費城可能會成為獨立後國家的首都。因此，大陸會議決定干預該州的內亂。

五月，大陸會議透過決議，敦促尚無稱職政府的各州加緊組建新政府。賓夕

（三）新的國家即將誕生

法尼亞人民在州政廳的院子裡召開了群眾大會，要求廢除英王授予的舊憲章，制訂新憲法，建立新的立法機構。

六月七日，維吉尼亞代表理查．亨利．李在大陸會議上宣讀了他所提交的振奮人心的提案，宣稱：

「聯合殖民地是，而且有權利是自由獨立的諸邦，解除對英王的一切臣屬義務，因而它與大不列顛國之間的聯繫應完全解體。」

在一片要求獨立的呼聲中，大陸會議於六月十日召開會議，選舉產生了一個「五人委員會」，負責起草一份關於獨立的宣言。「五人委員會」成員包括傑佛遜、亞當斯、富蘭克林、康涅狄格的羅傑．薛曼和紐約的李維頓。

經過協商，委員會成員一致推舉學識淵博的傑佛遜作為執筆人。於是，這位年輕的維吉尼亞紳士以氣勢磅礡的手臂，撰寫了這份美國歷史上最為重要的官方文件。

六月二十八日，委員會將宣言草稿提交大陸會議。

一七七六年七月四日，經大陸會議修改，《獨立宣言》正式獲得透過。八月二日，會議代表簽署了《獨立宣言》。

至此，自由的鐘聲響遍了北美大陸。它在向全世界鄭重宣告：一個偉大的民族從此誕生了！

第十八章　促進美法聯盟

錢財並不屬於擁有它的人，而只屬於享用它的人。

——富蘭克林

(一) 脫離英國獨立

雖然北美人民堅定了為獨立而戰爭的信念，但這場戰爭卻是一場雙方實力相差極為懸殊的戰爭。

英國號稱「日不落帝國」，在世界上擁有最為廣闊的殖民地。而且，它還是世界上唯一開始了工業革命的國家，具有最為發達的資本主義工業和農業。英國資產階級革命成功已經有大半個世紀了，君主立憲制政權強大而穩固，代表了英國新興資產階級和貴族的利益，繼續對外推行侵略擴張政策，成為英國殖民主義者維護其殖民統治的強大後盾。

同時，英國還具有一支現代化的正規軍隊，裝備精良，訓練有素，其海軍艦隊更是堪稱世界一流。

相比之下，此時的北美是一個剛剛誕生的弱小國家，全國總人口還不到三百萬。雖然已脫離英國獨立，但經濟上仍處於落後的殖民地經濟狀態，物資匱乏，兵員緊缺。剛剛組建起來的大陸軍，最多時也只有兩萬人，且武器裝備十分簡陋，軍事素質低下，軍官也缺乏作戰經驗。而大陸會議的職權也十分有限，只是一個帶有臨時中央政府性質的鬆散聯盟，不可能對各州發號施令。

總之，此時的美國不論在經濟上、軍事上還是政治上，都處於明顯的劣勢。

自從《獨立宣言》公佈之後，富蘭克林在大陸會議和賓夕法尼亞的工作更加忙碌了。七月十八日，他與約翰．亞當斯一同起草與外國聯盟的盟約草案，以便日後進行外交談判時使用。在這期間，他還當選為賓夕法尼亞制憲會議代表，並為任命為會議主席。

七月底，在討論建立新的聯邦制國家方案中，富蘭克林提出：各州代表數額應與該州人口數量與貢獻多少成正比。八月初，他又提議：國會席位應按照人口的比例來分配。

這時，戰場上的形勢已急轉直下。八月二十七日，華盛頓在長島戰敗，雖然撤回了曼哈頓，卻無法長時間守住它。這時，英國將領威廉．豪爵士趁機向美國人遞交了勸降的橄欖枝。他以老朋友的身分寫信給富蘭克林，表示願意「寬恕」北美殖民地的叛亂者。但是，這一舉動遭到了富蘭克林頗有禮貌的拒絕和駁斥。

第十八章　促進美法聯盟

不久，長島失守，豪爵士又透過被英軍釋放的美軍戰俘約翰．沙利文將軍捎信回來，要求就尋找解決衝突的方法進行一次私人的會晤。

但大陸會議認為，作為自由、獨立的美利堅合眾國的代表機構，它不能派任何成員以私人身分和英方會談。於是，大陸會議派出一個委員會去試探對方被授予什麼權力，以及有什麼適當的解決方案等。九月六日，富蘭克林與約翰．亞當斯等人組成委員會，奉命去完成這項使命。

雖然與豪爵士的會晤是在一種很禮貌的氣氛中進行的，豪爵士的態度也非常寬厚友好，但富蘭克林發現，豪的權力也僅限於美國人在屈服後獲得寬恕。於是，會談並沒有取得任何實質性的結果就終止了。

此後，戰事愈加激烈，戰局的發展令美軍軍民陷入了空前不利的境地。面對這種險惡的局勢，北美一些有識之士清楚地認識到爭取外援的必要性和緊迫性，因此開始緊張地進行外交工作，希望爭取到在殖民爭霸中與英國結下宿怨的法國、西班牙和荷蘭等歐洲列強的援助。

經過慎重考慮，九月二十六日，大陸會議派遣外交經驗豐富的富蘭克林和希勒斯・迪安出使法國。

（二）出使法國

一七七六年十月二十六日，富蘭克林離開費城。次日，他登上了武裝帆船「復仇號」向法國駛去。旅途中，他還像以往每次出洋時一樣，每天都測量水溫，研究海灣海流。十二月下旬，富蘭克林一行抵達法國巴黎。

大陸會議此次選擇富蘭克林作為出使法國的代表的確是一個英明正確的舉措，因為他在法國有著很高的威望。作為一名馳名中外的科學家、政論家和外交家，富蘭克林早已為法國人所熟知。而他的《窮理查年鑑》等著作，更是成為法國家喻戶曉的暢銷書；他在電學方面的傑出發明，也讓他成為法國科學院的院士。

富蘭克林充分利用這些有利條件，在法國廣泛接觸各界人士，很快就贏得了法國人對美國獨立戰爭廣泛的同情和支持。在法國人心目中，富蘭克林已經成為美利堅民族的象徵，而美國的獨立革命也成為法國人街談巷議的重要話題。

第十八章　促進美法聯盟

經過富蘭克林等人艱苦的外交努力，法美關係很快取得了顯著進展，法國政府也開始多方援助美國，軍火、物資和資金等，透過各種渠道被祕密運往美國，法國政府甚至允許美國的私掠船進駐法國港口。這些舉措對美國獨立事業造成了非常有效的推動作用。

然而，個人的社會聲望只是外交努力的一種措施，並不是保證外交成功的決定性因素。直到一七七七年之前，法國人在對待承認美國獨立和與美結盟的重大問題上都採取觀望態度。加之自富蘭克林到達巴黎後，英國也開始加強了外交活動。英國駐法大使斯多蒙特密切地注視著法國人的一舉一動，對法國向美國表示的每一點友好都提出抗議。

法國人很清楚，如果他們與美國聯盟，就意味著對英宣戰。但這時，法國人對美國能否在這場戰爭中勝利還毫無把握。此時，法國政府的想法是：即使法國參戰，也必須與美國和西班牙建立牢固的同盟，共同承擔對英宣戰的義務。

但是，西班牙在這個問題上也是猶豫不決，畏首畏尾，這讓法國人更加感到疑慮重重。因此，法國政府雖然私下向美國提供許多援助，但表面仍採取中立立

（二）出使法國

場，甚至還故意做出一些姿態安撫英國人。

為了促使法國及歐洲列強儘快公開支持美國獨立，富蘭克林認為美國使團必須做出最大的努力。為此，這位年過古稀的老人再次拿起筆，日夜伏案疾書，為美利堅民族的獨立事業高呼吶喊，他要讓正義的聲音傳遍世界每一個角落。

在這一時期，富蘭克林陸續給法國和歐洲的許多報刊雜誌寫過文章，或對時局和當權者的政策發表評論，或對英政府在美國犯下的暴行進行猛烈的抨擊，其中一些文章還被譯成多種文字在世界各地發行，產生了深遠的影響，同時，為促使法國王室和政府儘快改變立場，富蘭克林還設法同法國的貴族階級建立起友善的關係。法國的貴族大都具有仇英心理，對自己國家在英法戰爭中蒙受的恥辱記憶猶新，希望有朝一日可以報仇雪恨。而現在，他們認為美國革命為他們提供了一個千載難逢的好機會；並且這些貴族厭惡法國封建腐朽的制度，他們大多思想激進，傾向革命，因而對美國獨立戰爭懷有真摯的同情，這種態度對法國王室和政府產生了重要影響。

（三）獨立之路

就在富蘭克林在法國積極行動時，北美戰場上的局勢再次出現惡化：一七七七年七月，柏高英所率領的英軍攻取了美國策略重鎮提康德羅加；九月，豪將軍又占領了費城。美國獨立事業陷入空前的困境之中。

在這種十分不利的形勢下，富蘭克林依然鎮定自若，談笑如常，顯露出一種堅定的必勝信念。但事實上，他憂心如焚。一向認為外交必須以自強為唯一基礎的富蘭克林已經看出，美國的獨立事業正經歷著它的最低點。英國的戰艦幾乎切斷了美國與外界的通信聯繫，只有極少幾封來自大陸會議的信中稱，如果再得不到盟友的支持，他們已不知道該如何將戰爭繼續下去了。

不過，富蘭克林在對北美局勢進行全面分析後認為：費城是大陸會議的所在地，它的失陷無疑會給美國人民的心靈增加了重創。但從整個戰局來看，英軍反而從此失去了有力的態勢。

這是因為，英軍在一七七七年的總體策略是各路人馬到奧爾巴尼會師，將美軍分開後一一消滅，但自以為是的豪將軍卻擅自行動，南圖費城。這不僅未能達到英軍的策略意圖，還造成了英軍兵力的大分散。對於外線作戰的英軍來說，這是犯了兵家大忌。

果然不出所料，不久後，北美傳來了勝利的捷報：十月十七日，美軍在薩拉托加的戰役中取得重大勝利，繳獲英軍大批策略物資和武器裝備。這一戰役也令美軍從此擺脫了軍事上的劣勢，從策略防禦轉入策略進攻階段。

美軍的薩拉托加大捷使美法間幾乎陷於停頓的外交進程出現轉機。富蘭克林立即向法國和西班牙官方發去急信，通報了北美局勢的變化。不久，法國外交官孔拉-亞歷山大·熱拉爾親自到富蘭克林的住所，給富蘭克林帶來了外交大臣維爾熱納的祝賀，建議美國使團重新起草關於美法結盟的建議書。

十二月七日，富蘭克林草擬了建議書，次日遞給法國外交部。十二日，富蘭克林等人應邀與維爾熱納進行了祕密會晤，但結果卻令富蘭克林深感失望。因為法國人只對美國人的勝利表示祝賀，但認為在西班牙未決定介入戰爭之前，法國人還不能採取貿然行動。

第十八章　促進美法聯盟

面對這樣的外交局勢，富蘭克林認為，不能再坐等法國方面下決心，任由他們選擇結盟的時機了，因為獨立戰爭急需盟友，前線的美軍將士不能等。

「要向法國施加壓力，迫使他們感到結盟的迫切性。」富蘭克林開始思考。

忽然，他的腦海中閃過一個念頭：

「對！這個壓力只有來自英國才有效，要在英國人身上做文章！」

在美國獲得薩拉托加大捷之後，英國政府也被迫改變了政策，開始向美國作出和平的試探。就在富蘭克林與維爾熱納見面這天，英國也派出密使文特沃思抵達巴黎，企圖試探美國使團的立場。

文特沃思到達巴黎後，幾天之內便與美國使團的迪安會談了兩次。文特沃思稱，英國內閣同美國進行戰爭是被迫的，現在希望能夠糾正這一錯誤。他們準備使英美關係恢復到一七六三年以前的狀態，並廢除自那以後的一切迫害性法令。不過，英國仍然保有對北美殖民地的商業壟斷權。

迪安對此的回答是：

「美國必須獨立。」

就在法國猶豫不決之時，西班牙又傳來消息稱不同意與美國結盟。這讓法國更加舉棋不定了。

於是，富蘭克林決定再給法國施加一些壓力，他決定親自與文特沃思舉行會談。

（四）美法同盟條約

一七七八年一月二十一日，文特沃思在富蘭克林的住所與這位美國外交使團的代表見面了，雙方進行了長達兩個小時的會談。但在會談過程中，富蘭克林都是虛與委蛇，談論的範圍也是不著邊際，所以雖然談話涉及不少重要問題，但並沒有達成任何有效的協議。

然而，這件事卻在外界產生了很大的影響，因為在外人看來，長達兩個小時的會談不可能沒有實質性的結果。法國人為此開始感到坐立不安了，擔心英美一旦和解，就會使法國在北美的利益和已付出的努力一筆勾銷。

第十八章　促進美法聯盟

在富蘭克林與文特沃思會談的第二天，法國國王政務會經過表決，表示贊同與美國締結盟約。

一月八日，法國外交官熱拉爾與美國使團會晤，他直截了當地問富蘭克林：

「法國要採取何種措施，才能令美國拒絕接受英國人的和解條件？」

富蘭克林回答說：

「立即締結一項貿易與同盟的條約。」

聽到這裡，熱拉爾鬆了一口氣。隨後，他以莊嚴的口吻宣布：

「我有權通知各位，我們的國王已經決定簽訂這樣的條約了。」

二月六日晚，簽約儀式在巴黎法國外交部大樓中正式舉行，法方代表維爾熱納與美國使節分別代表各自政府簽署了兩項條約，第一項為《美法友好通商條約》，表示給予美國最惠國待遇；第二項為《美法同盟條約》，規定雙方為共同事業互相合作，直至美國獨立獲得承認，並約定：

「在宣布結束戰爭的條約或一些條約正式地保證美國獨立之前，雙方保證不放

(四) 美法同盟條約

下武器。」

兩項條約的簽訂，代表著法國正式站在美國的一方參加對英作戰。很明顯，這大大地加強了美國的革命力量，使美國在人力、財力和物力等方面都獲得了巨大的援助。尤其是法國海軍的參戰，彌補了美國海上力量的空白，使英國在戰爭中喪失了制海權。

法國的參戰在國際上也產生了重大影響，為此後西班牙、荷蘭的對英作戰，以及丹麥、普魯士、瑞典等國家打著「武裝中立」的旗幟支援美國獨立戰爭都發揮了非常積極的推動作用。

可以說，美法同盟的締結是美國在外交戰線上取得的一個不亞於薩拉托加大捷一樣的偉大勝利，這與富蘭克林所進行的艱苦卓絕的努力是分不開的。

五月四日，美國大陸會議正式批准了《美法友好通商條約》和《美法同盟條約》，美國和法國正式結為堅定的盟友，而英國則成為他們共同的敵人。正在福吉谷兵營的華盛頓獲悉這一消息後，興奮地指出，美法結盟是一個具有決定意義的時刻，是美國人民所經歷的最重要的時刻之一。

第十八章　促進美法聯盟

一七七八年七月初，在美國人民焦急的期盼中，一支龐大的法國艦隊載著數千名法軍在孔特·德斯坦伯爵的率領下開入美國海岸。至此，法國軍隊正式介入美國獨立戰爭。

第十九章 和平的使者

在這個世界的事務中，不是信仰拯救了人類，而是信仰的缺乏拯救了人類。

——富蘭克林

（一）結盟歐洲各國

美法兩國建立同盟後，國際形勢的發展非常迅速。法軍參戰後，美國人民的軍事實力和取勝的信心都大大增強。

但是，美國的目的並不僅僅是獲得法國一國的支持，嚴酷的現實要求他們必須爭取到更多的國際同盟者，以完成美利堅民族獨立的大業。而以富蘭克林為首的美國外交使團不負眾望，擔負起了大陸會議賦予他們的艱巨使命，充分利用歐洲列強之間的矛盾，縱橫捭闔，積極開展外交攻勢，在外交戰線上取得了巨大的進展。

這一時期，美國外交領域的工作可謂千頭萬緒，紛繁複雜，美國使團人員不僅要與各國政府和要人打交道，爭取各國的同情、理解和援助，同時還要從事許多其他的工作，行駛一些本屬於其他政府部門的職能。比如，富蘭克林所做的許多工作讓他實際扮演了美國在海外的海軍部長和財政部長的角色。

這期間，由於三位駐法使者都認為應由一個人擔任駐法使節，美國大陸會議也開始認真考慮這件事。一七七八年九月十四日，大陸會議投票否決了合作使團，正式選舉富蘭克林為唯一駐法特命全權大使。

但由於痛風病的發作，直到一七七九年三月二十三日富蘭克林才參加就職典禮。隨後，他以新的身分謁見了法國國王，並呈遞了特命全權大使的任命書，受到了極大的禮遇。

接著，富蘭克林又與各國的使臣一一相見，並拜訪了王室家族。儘管這一切，加上病痛，讓富蘭克林感到疲憊不堪，但他還是為自己能留在法國任職而感到由衷的高興。

(一) 結盟歐洲各國

此時，整個歐洲國際形勢對美國都極其有利：一七七八年二月美法締結同盟條約後，法國開始支援美國的獨立戰爭；一七七九年，法國、西班牙結成聯盟，西班牙以法國同盟者的身分在海上參加對英戰爭。為對抗法西聯盟，英國採取海上封鎖政策，攔截了中立國海上的船隻，致使北歐的丹麥、瑞典和俄國於一七八零年發動了「武裝中立」；隨後，普魯士、奧地利、葡萄牙和兩西西里也先後加入對英戰爭中。

第十九章 和平的使者

所有這些，都令英國在對美作戰的同時，還要派遣艦隊和兵力前往北海、地中海、加勒比海、印度洋去抵禦法國、荷蘭、西班牙的襲擊。一時間，以美國獨立戰爭為契機，歐洲各國展開了一場維護或爭奪商業利益的戰爭，目標都是指向共同的敵人——英國。

在這種有利的國際形勢之下，富蘭克林充分發揮自己的聰明才智，展開了多方面的外交活動，為美國革命爭取到了極其寶貴的經濟和軍事外援。

一七八零年，國內戰場傳來失利的消息，富蘭克林非常焦急。同時，大陸會議再次向他發來急函，要求他馬上為美國籌集大筆款項，並設法得到人員物資方面的援助。

七十四歲的富蘭克林不顧年邁體衰，拖著久病的身體四處奔波。最終功夫不負有心人，富蘭克林頻繁的遊說及其巨大的社會聲望產生了良好的效果，法國政府同意再為美國提供一筆巨額貸款，以支持繼續財政援助的美國革命。

與此同時，在富蘭克林的努力之下，法國國王路易十六還同意派出一支強大的遠征軍和海軍艦隊赴美作戰。一七八零年七月，在著名將領羅尚博的率領下，一支由六千人組成的法軍協同艦隊一道抵達北美。一七八一年六月，另一支強大的美國艦隊在最負盛名的法軍上將德格拉塞的率領下開入北美海岸。美國人民的戰鬥力量再次獲得壯大。

（二）進行和談

雖然籌到大量的款項可以幫助美國度過戰爭危機，但事實上，籌款並不是件簡單的事，富蘭克林在籌款過程中遭遇到許多難以想像的困難和挫折。

當時，法國與其他歐洲國家的經濟並不景氣，資金匱乏成為長期以來困擾著他們的嚴重問題，因此他們也很難滿足美國在資金方面的巨大需求。而且，富蘭克林在貸款問題上還必須遵從大陸會議的指令行事，沒有多少主動權，而大陸會議的籌款指示往往來得快、要得急，但法國政府卻有自己的年度預算，他們對美國人這種毫無規律的貸款方式很反感，這就給富蘭克林的借款工作帶來了難度，同時，許多法國政府要員還認為：法國已經派出了強大的陸海軍部隊去幫助美國人作戰，這本身已是一筆巨大的開支，因此美國人不應再無休止地向法國討錢討物了。

此時的富蘭克林，幾乎是生活在一種夾縫之中，一方面急於弄到貸款，一方面又要面臨辦事拖沓且資金緊缺的法國官方，這讓富蘭克林的籌款工作舉步維艱。其實富蘭克林也知道，戰爭的確需要大量的經費和物資，但貸款也需要有一定的節制和計劃性，不能毫無章法地進行，這既會造成巨大的浪費，也會招致同盟國的不滿，影響彼此的合作關係。

儘管面臨極大的困難，心中也有不少不滿和牢騷，但為了國家和民族的解放事業，富蘭克林還是毅然將個人尊嚴放在一旁，堅定地承擔起為大陸會議籌集資金和物資的任務。在富蘭克林的努力下，從一七七六年至一七八一年，法國援助美國近一千萬里弗爾，貸款額高達三千萬里弗爾。同時，法國還向美國提供了大批的大砲、彈藥、槍支、帳篷、衣物和藥品等。此外，西班牙、荷蘭等國家也向美國提供了許多貸款和物資。

雖然個人的尊嚴可以放在一邊，但在原則性問題上，富蘭克林卻從未向任何

（二）進行和談

人或任何國家屈服過。在他的心中，國家的主權和民資的尊嚴是神聖不可侵犯的，在這方面永遠不能退讓。比如，在與西班牙就結盟問題進行談判時，西班牙提出以獲得對密西西比河的控制權作為結盟的條件。對此，富蘭克林斷然拒絕。他後來在給朋友的一封信中對這件事評論道：

「我對這個要求感到厭惡。我們現在是很窮，但我相信我們將會富有，我寧願花大價錢買下他們對密西西比河的全部權利，也不願去賣掉這條河中的一滴水。」

到一七八零年下半年到一七八一年，美軍在戰場上取得的勝利以及盟國遠征軍的到來，大大增強了美國人民的戰鬥實力，戰場上的力量也發生根本變化，進行策略反攻的時機已經成熟。

經過一番精心的策劃，美法聯軍決定將最後的決戰地點選在維吉尼亞的約克鎮。一七八一年九月二十八日，華盛頓將軍下令總攻命令，經過十天的殘酷戰鬥，英軍傷亡慘重。在走投無路的情況下，英軍將領康沃利斯將軍被迫於十月十七日率眾向美軍投降。

第十九章 和平的使者

約克鎮戰役是美國人民在獨立戰爭中取得的最為輝煌的一次勝利，它意味著：英軍主力在北美戰場上已經全面土崩瓦解。自此以後，英軍一蹶不振，幾乎停止了一切重大的軍事行動。戰爭的勝利讓美國人民歡欣鼓舞，他們已經從中看到了獨立戰爭勝利的曙光。

在接到約克鎮大捷的消息後，富蘭克林異常興奮，他馬上將這一消息用自己發明的印刷機印刷出來，分發給各界的朋友們。同時，職業的敏感也讓富蘭克林意識到：這是一個透過外交手段結束戰爭的大好時機。

但在最初階段，富蘭克林與英國人接觸時的態度還是十分謹慎的，原因主要有兩個。首先，在一七七八年美國與法國簽訂盟約時規定，未經法國允許，美國不能單獨與英國談和，故此富蘭克林認為美國人不能在這個時候撇開法國人與英國人談和解的事。所以，當一位一貫主張英美和解的英國友人向富蘭克林試探性地提出停戰議和的建議時，富蘭克林當即回信表示：在英國與法國的爭執尚未解決前，美國不會考慮這種建議。

其次，富蘭克林對英國內閣及其主要成員在戰爭中的卑劣行徑深惡痛絕，認

（二）進行和談

為他們是導致這場戰爭爆發的罪魁禍首，因此在議和問題上也不能對他們抱太大希望。

但不久，富蘭克林的這種態度就發生了根本性的轉變。

從一七八一年到一七八二年間，戰爭開始變得日漸複雜起來。英軍雖然遭受多次重創，但依然占據著紐約、長島、佐治亞和南北卡羅萊納的大部分地區。美法聯軍雖然取得了一定性的勝利，但還無法完全控制戰爭的主動權，徹底消滅英軍主力。

在這種情況下，各交戰國都希望在談判桌上撈到自己在戰場上撈不到的東西。而這場激烈複雜的外交鬥爭中，富蘭克林也越發清楚地發現：美法之間在根本利益上存在著很大的差異，法國並不是出於對美國的同情才參戰，而是為了奪取更多的殖民利益。因此富蘭克林認為，美國的根本利益要求他必須馬上進行有效的外交活動，在確保美國獨立和主權完整的情況下，停止戰爭。

一七八二年七月初，英國內閣發生更迭，曾主持廢除《印花稅法》的羅金厄姆侯爵出任首相，與富蘭克林關係密切的謝爾本爵士出任殖民地事務大臣，福克斯負責外交業務。富蘭克林認為，進行和談的時機已經成熟。

(三) 獨立戰爭結束

一七八二年七月九日，在英國一再要求和談的情況下，富蘭克林向英方提出了一份談判備忘錄，其中有四項他認為是「必要的」條款：

一，美國獲得完全徹底的獨立，英國應從美國撤走全部英軍；

二，劃定獨立諸州與效忠於英國的殖民地之間的疆界；

三，限制加拿大的邊界；

四，美國有在紐芬蘭沿岸捕魚的自由。

另外，富蘭克林還提出四項具有建設性的建議，包括全部割讓加拿大等內容。除個別條款之外，這份備忘錄大致構成了英美最後達成協議的基本條款。同時這件事也表明：富蘭克林已經不顧國會的指示（根據聯邦國會指示，美國使團不得在未經法國同意的情況下與英國達成協議），決定與英方單獨談判了。不過，

（三）獨立戰爭結束

富蘭克林也沒有撇開法國人，仍然與法國官方保持親密的關係。

八月初，英國內閣傳來消息：英國可以馬上承認美國獨立，但希望富蘭克林取消其四項建設性建議，以四項「必要的」條件作為和談基礎。

不久，富蘭克林的膀胱結石病發作了，無法進行正常的工作，此後兩個月的談判工作主要由他的助手傑伊承擔。傑伊和亞當斯一向對法國和西班牙存有戒心，認為它們只想謀求自身利益，根本不顧美國的利益，因此堅決主張完全拋開法國單獨與英國談判。最終，富蘭克林接受了他們的意見。

談判進行得異常艱難，直到十一月三十日上午，英美雙方的和談代表才共同簽署了英美和談草約。

英美合約給美國帶來了重大的好處，它承認美國完全獨立，並給予這個國家非常廣闊的疆域，因此這一合約在美國受到了極其熱烈的歡迎。

然而，條約是在違背美法同盟條約的情況下，背著法國人簽訂的，法國人對此是否滿意？而且，此時美國還急需大量的貸款，如何與法國人進行這難以啟齒的交涉呢？這些難題又留給了富蘭克林。

第十九章 和平的使者

在合約簽署後，富蘭克林馬上向維爾熱納通報了此事，並將草約的副本呈送給維爾熱納。幾天後，富蘭克林又親自禮貌地上門拜訪維爾熱納，詳細地向他介紹了和談的情況。富蘭克林的這一舉動雖然未能平息法國人心頭的憤怒，但也算是對其的一種安撫。

然而幾天後，當富蘭克林再次提出貸款的請求時，維爾熱納終於發作了。他憤怒地給富蘭克林寫了一封信，稱美國人「在和談中甚至不問及我們這邊談判的情況，就要實現美國的和平……你是聰明而謹慎的，應該完全懂得什麼是得體。你把自己的一生都用於履行自己的職責，我想請你考慮，你如何完成該對法王所盡的義務？」

兩天後，富蘭克林給維爾熱納回了一封他一生中最為著名的外交信函。在信中富蘭克林寫道，他認為那一協議本身只是臨時性的，它的最後簽訂有待於英法和約的簽訂。至於匆匆完成的預備性文件，「在它簽訂之前沒有徵求你們的意見，我們有錯，錯在忽視了『得體』的問題。但是，由於這一切並非由於對我們所熱愛並尊崇的國王缺乏敬意，我們希望它能得到諒解。而至今進行得如此愉快的偉大工程，已經接近完成，……不應為了我們的一處不慎而使之毀於一旦。當然，如果你們因之而拒絕繼續給我們以援助，那整座大廈將坍塌無遺」。

富蘭克林告訴維爾熱納，他和他的同胞是如何愛戴和尊敬法王，然後他又轉筆寫道：

「我剛聽說，英國人誇口說他們已經成功分裂了我們。誠然，他們這樣做了，但法國和美國仍然是忠實地團結在一起反對英國的，所以，這一小小的誤會將成為祕密，而他們將發現他們自己大錯特錯了。」

看到這位哲學家的回信，法國外交大臣維爾熱納不禁微笑了。不久，他就批准了給美國人的一筆巨款。

事實上，法國人對英美合約一事作出這種溫和的反應是可以理解的。從法律意義上來說，該合約要等英法之間真正實現和平之後才能生效，這顯然是出自美方代表的努力，表明美方在處理這一重大外交問題上已經考慮到法國盟友的感情和利益了。

其次，法方並不想因為此時將美法關係弄僵，從而損害已經付出巨大代價建立起來的美法同盟關係。如果這樣做，那麼受益的只能是美國和法國的共同宿敵英國。

就這樣，富蘭克林施展了他那卓越的外交才華，美法關係中一度出現的危機很快就煙消雲散了。

一七八三年九月三日，英美雙方代表在巴黎正式簽署了和平條約。同一天，英法合約也在凡爾賽簽署。美國人民，乃至整個歐洲人民期待已久的和平終於實現了，獨立戰爭以美利堅民族的勝利正式宣告結束。

第二十章　老當益壯

成功與失敗的分水嶺，可以用這五個字來表達——我沒有時間。

——富蘭克林

(一)賓夕法尼亞州州長

一七八五年五月二日，湯瑪斯·傑佛遜被任命為美國駐法公使，富蘭克林多次提出的回國申請終於獲得了國會的批准。

為了表彰富蘭克林為增進美法友誼所做出的貢獻，法國政府特向他贈送了一座鑲滿鑽石的法王塑像。

七月二十五日，富蘭克林一行乘坐的「倫敦」號郵船啟錨了，富蘭克林永遠地離開了雖然不是祖國，卻被他留戀至深的歐洲和那裡的一切。

這或許是富蘭克林一生中最快樂而忙碌的一次航行了，他認為自己的公職生涯已經結束，從此可以回歸自然，專心致志地從事他鍾愛的科學事業了。因此，此次航行富蘭克林完全是在科學研究和寫作中度過的。他每天測量氣溫和水溫，認真地觀察海潮、風暴、墨西哥灣流和航行於海面上的各種船隻，並寫了《海上觀察》一文和幾篇科學小論文。

九月十四日，出使歐洲近九年的富蘭克林終於回到了他日夜思念的故鄉費

（一）賓夕法尼亞州州長

城。同胞們紛紛傾城而出，用最隆重的儀式和最高的禮遇迎接這位功勛卓著、享譽世界的費城驕子。當富蘭克林剛剛進入費城時，鐘聲和禮炮聲齊鳴，整個城市都被淹沒在鮮花和綵帶的海洋之中。這種熱烈的場面讓富蘭克林熱淚盈眶，激動之情無法言表。

此時的富蘭克林已經七十九歲了，痛風病時時折磨著他，他的身體和精力都大不如前。他想從此退出政治舞台，在讀書、寫作和研究中安享晚年。然而剛回家不久，他的計劃就被打亂了。

從富蘭克林九月十四日抵達費城後還不到一個月，便是賓夕法尼亞州議會選舉的日子。十月十一日開始選舉，十七日選舉結果揭曉，富蘭克林被選入州參事會。第二天，他又被選為參事會主席。十月二十九日，富蘭克林又被州議會、參事會聯合選為賓夕法尼亞州州長。三十一日，富蘭克林宣誓就職。

富蘭克林在賓夕法尼亞州的執政是從十一月十一日向議會提出建議開始的，而建議的內容是修改「試行法」。「試行法」是按立憲派的主張在戰爭期間在州議會上透過的。它規定，任何人在就任公職、選民參加投票之前，都必須宣誓忠於憲法。但富蘭克林認為，當時透過這一法令是出於領導戰爭的需要；而現在戰爭已經結束，權力應歸還給人民。因此，他提議必須廢除這一時令的法律。

十二月十五日，一項廢除「試行法」的議案提交到議會，引起了激烈的爭論。但由於廢除這一法令已成為廣大人民的要求，而且富蘭克林又對此施加了巨大的個人影響。一七八六年三月，該法令廢除。

九月，議會又就修改賓夕法尼亞州刑法的問題展開了討論，並在富蘭克林的指導下，對刑法進行了重大修改。

憲法和刑法的改革在賓州是一件順應民意的大事，不僅讓賓州的政治更加公正開明，法律制度更加完善，還讓人民的基本權利獲得了進一步的保障。

雖然考慮和處理州和國家的大事占去了富蘭克林大部分的時間和精力，但他仍然與科學事業有一種難以割捨的感情，常常忙裡偷閒做一些力所能及的研究工作。一七八五年夏，他在美洲哲學會上宣讀了返美途中寫的《海上觀察》一文，其中許多發現都引起了與會者的濃厚興趣。

一七八六年初，富蘭克林又設計製造了一種人工手臂，可以用其將書籍物品等從高處取下來，商店的店員也能用它取下高處的貨物。

晚些時候，他還發明了兩種多用椅子，一種是可以折疊起來作梯子用的折椅，另一種椅子上裝有搖動器和大扇子，可以用腳輕輕一動，就能為坐在上面的人搧風。

相對於戰爭時期而言，富蘭克林返美後的這段生活是平靜而充實的。他原本想就此從政壇退隱，安心在故鄉度過晚年生活。然而，他的故鄉不能獨享他的名氣和精力，和以往一樣，他的國家又在召喚他了。

（二）簽署憲法

美國獨立戰爭結束後，美國有了一個比較安定的生存環境，經濟也開始走向復甦，人民也渴望安居樂業，這個百業待興的新生共和國充滿了生機和朝氣。

但同時，在《聯邦條例》下建立起來的新的國家體制還存在某些嚴重的缺陷。由於中央權力極小而州的權利過大，各州就如同一個個獨立的主權國家，令整個邦聯儼然成了一個由十三個主權國家組成的鬆散聯盟。在這種體制下，國家內部也出現了許多無法解決的矛盾和問題。於是，建立一個更強有力、更加集權的政府的要求被提出來了，而這樣就需要一個新的憲法。

一七八七年三月二十八日，富蘭克林當選為制憲會議的代表。五月十四日，制憲會議在費城召開。

在制憲會議的開始兩週中，各州代表都紛紛發表意見，氣氛緊張而熱烈。而較大的州在有些小州的支持下，得以透過在國家議會兩院中均以人口決定代表席位的提案。對此，小州馬上又表示不滿，堅持他們在邦聯制下所享有的同等權力。雙方為此爭執不下，鬥爭愈演愈烈。

六月十一日，富蘭克林就這一問題進行了第一次發言，他要求代表們停止爭吵，應就具體問題心平氣和地進行磋商。

富蘭克林的發言暫時平息了代表們的爭吵，會議進入建設性的協商階段。

制憲會議每天要開會四到七個小時，是在嚴格保密的情況下進行的。由於正值暑熱季節，室內空氣和衛生條件都非常不好，但包括富蘭克林在內的與會者始

（二）簽署憲法

終以飽滿的熱情全神貫注地商討這件關係祖國千秋大業的事情。

會議整整開了十六個星期，於九月十七日結束，代表們終於為祖國的未來勾勒出一幅宏偉藍圖。

九月十七日這天，是最後簽署憲法的日子。在祕書準備好文件後，富蘭克林起身發言。他說：

「我承認，這一憲法中的幾個部分我目前還不贊同，但我不能肯定我永遠不會贊同；因為活了這麼久，我經歷過許多事情，那是關於在得到更好的訊息或經過更充分的考慮後改變看法的事實，即使是在重大的問題上也是如此。往往我以為是正確的，但卻發現是另外一回事。所以，我年紀越大，我就越懷疑自己的判斷力，而注意他人的判斷。……

「以這樣的觀點，先生們，我同意這個憲法，連同它的一切缺陷，……總之，先生們，我不禁表達了一個願望，希望制憲會議的每一位成員（他可以對它還有反對意見）和我一道，在此時此刻……在這一文件上署名，以表明我們的一致。」

然後，富蘭克林動議簽署憲法，並十分莊重地在憲法文本上簽上了自己的名字。

隨後，代表們也陸續在文件上簽字。當最後一批代表簽字的時候，富蘭克林凝視著雕刻在華盛頓座椅上的半輪太陽，語重心長地說：

「在這次會議當中，我對會議的結果時而充滿希望，時而又憂心忡忡。我總是一次又一次地凝視著主席座椅上的那半輪太陽，卻無法說出它究竟是在上升還是在降落。但現在，我終於有幸得知，那是一輪噴薄東昇的旭日，而不是一輪冉冉西下的殘陽。」

富蘭克林終於充滿信心地將美國的這部憲法比喻為東昇的旭日了，他參與了將這輪紅日托出海面的重任。這是他的老邁之軀為他所熱愛的祖國作出的最後一大貢獻。

次日上午十一點，賓州代表出現在州議會會場上，富蘭克林向議長發佈了聯邦憲法簽署了的消息。聯邦憲法在賓州獲得批准。

與此同時，一個爭取憲法批准的運動在全國各地也緊鑼密鼓地開展起來，至一七八八年十一月，北卡羅萊納州最後一個批准憲法，制憲運動終於在全國取得勝利。

富蘭克林在九月十七日關於憲法的講話後來被人不顧會議保密的規定而將它印發了。有人認為，這篇講話的調子過於低沉，就像是一份沉痛的離開政治生涯的告別辭。

的確，不論其內容如何，從富蘭克林的生活歷程看，它確實屬於富蘭克林告別政壇的臨別演說。

(三) 印刷工富蘭克林

制憲會議結束後，富蘭克林再次回到家鄉那喧鬧的政治生活當中。一七八七年的十月三十一日，富蘭克林再次以全票當選為賓夕法尼亞州州長。就在這一時期，他生命的航船也駛入了最後的行程。

當選州長後不久，富蘭克林就病倒了。這次發病雖然並不突然，但卻遲遲不能痊癒。此後，富蘭克林就很少參加行政會議了。

第二十章　老當益壯

一七八八年一月的一天，富蘭克林在花園散步時不慎跌倒，而且摔得很厲害。從那時起，他就沒有再出席行政會議。

一七八八年十月十四日，富蘭克林卸去州長職務，從此結束了他長達六十年的政治生涯。

雖然富蘭克林對以後再也不問政事感到很欣慰，但同時他也清醒地發現，滄桑的歲月和艱苦的工作已經嚴重侵蝕了他的身體，他的精力已大不如前，生命之火也不會燃燒太久了。為此，富蘭克林抓緊時間完成兩項重要的工作：寫遺囑和完成他的自傳。

一七八八年夏秋時節，富蘭克林寫下了他的遺囑，並進行了公證。這份遺囑是富蘭克林經過長時間的周密思考和反覆修改之後做出的，主要是如何處理他身後遺留下來的二十萬美元的遺產問題。

在這份遺囑當中，他的所有親屬幾乎都得到了豐厚的饋贈。而為了推動科學和教育事業的發展，他還專門從遺產中撥出一部分贈給圖書館、美洲哲學會、波士頓美國藝術科學學會和賓夕法尼亞醫院。同時，他還為波士頓的幾所免費學校

（三）印刷工富蘭克林

設立了一個基金，要求用其利息製作銀質獎章，頒發給那些品學兼優的學生。

另外一件事就是完成他的自傳。富蘭克林的自傳大致分為四個大部分，前兩部分早已有了手稿，內容主要涉及他的家庭、成長經歷和早年的坎坷生涯等。

完成了前半部分的內容後，富蘭克林便儘量抽時間寫第三部分。到他卸職時，第三部分大約寫了四分之一。當時他認為，再有兩個月的時間就可以全部完稿了，然而由於結石病發作，劇烈的疼痛折磨得他寢食難安，他只能依靠少量的鴉片才能勉強止痛寫作。這樣，他每天寫得都很少，直到一七八九年冬天才陸續將第三部分寫完。

最後一部分的寫作工作是在富蘭克林生命的最後半年中忍受著劇烈的疼痛完成的。此時，他已經病得坐不起來了，只能躺在病榻上口述，由外孫筆錄。

富蘭克林人生的最後一段時光一直都是在疾病的煎熬中度過的。從卸職之前開始，結石病和痛風病就不時地交替發作，讓他痛苦不堪。為了緩解疼痛，醫生給他服用了大量的鴉片，結果又引起了巨大的副作用，讓他幾乎喪失食慾和睡眠的功能。

第二十章　老當益壯

到一七八九年末，富蘭克林基本已失去了生活自理能力，日夜纏綿在病榻之上。但即便如此，富蘭克林仍然沒有放棄自己一生熱愛的那些事情：讀書、研究、寫作，與其說是一種精神力量支撐著他這樣做，倒不如說是這些事情已完全融入了他的生活方式，成了他生命中不可或缺的要素。

富蘭克林人生的最後一個冬天是在親人們的環護中度過的。他的孫女黛博羅每天喝過茶就來陪伴他，給他讀書、讀報。

一七九零年三月初，傑佛遜在赴聯邦政府國務卿之任的途中，特意前往費城探望了富蘭克林。此時的富蘭克林已經病入膏肓，在見到傑佛遜後，他十分激動。為了表達對傑佛遜的深情厚誼和殷切希望，富蘭克林將自己的一部手稿贈送給他，並一再叮囑「不必歸還」。

傑佛遜懷著虔敬的心情收下了這份珍貴的手稿。這樣，他也成了除富蘭克林家族之外唯一享有保管富蘭克林手稿這一殊榮的美國人。

傑佛遜到紐約就任國務卿後不久，就收到了富蘭克林的一封來信。這也是富蘭克林生前發出的最後一封信，寫於他去世的前九天。

(三) 印刷工富蘭克林

一七九零年四月十七日這天，富蘭克林忽然自己起了床，請人幫他整理一下床鋪，稱這樣做可以讓他死得像樣些。女兒薩拉．富蘭克林聽後悲上心來，告訴他說，她要他好起來，再活許多年。

但富蘭克林平靜地告訴他們，他不希望這樣，他已經聽到了上帝的召喚，等待著最後時刻的來臨。

就在這天夜裡十一點，富蘭克林在親人的環繞下溘然逝去，享年八十四歲。

四月二十一日，費城人民為富蘭克林舉行了隆重的葬禮，有兩萬多人蔘加了出殯隊伍。碼頭上的船隻下半旗致哀，教堂鐘樓裡哀鐘長鳴，向富蘭克林最後致敬作別的禮炮聲聽起來也那麼沉重。

四月二十二日，參議院決定為富蘭克林的逝世服喪一個月，以示哀悼；六月十一日，在巴黎國民議會中，米拉波動議各國應為富蘭克林先生的逝世哀悼三天，議員紛紛鼓掌透過；……

班傑明．富蘭克林就這樣走完了他人生路上的八十四載春秋，然後靜靜地躺入教堂院子裡的墓穴中。而他的墓碑上只刻著——「印刷工班傑明．富蘭克林」。

富蘭克林生平大事年表

一七零六年 出生於北美麻薩諸塞州波士頓城一個小商人家庭。
一七一四年 進語法學校學習。
一七一六年 中斷學業，幫助父親在家庭店鋪中工作。
一七一八年 開始擔任其兄詹姆斯的學徒，從事印刷業。
一七二一年 開始匿名向《新英格蘭報》投稿，並做過該報的臨時編輯。
一七二三年 毀學徒契約，徙往費城，成為一名印刷工。
一七二四年 為獨立開業赴倫敦居十九個月，繼續當印刷工。
一七二六年 返回費城，先做一家雜貨鋪的店員，後又到印刷廠工作。
一七二七年 創辦「共讀社」，研究社會科學、自然科學的各種問題。
一七二八年 與好友合開印刷廠。
一七二九年 創辦《賓夕法尼亞報》，出版了《試論紙幣的性質和必要性》。

第二十章　老當益壯

一七三零年 和德寶拉．里德結婚。
一七三一年 創辦費城圖書館。
一七三二年 出版了《窮理查年鑑》創刊號。
一七三六年 擔任賓夕法尼亞州議會文書，組建費城聯合救火隊。
一七三七年 就任費城郵政局長，改革費城警務。
一七四三年 女兒薩拉出生。
一七四四年 創辦「美洲哲學學會」，自任祕書。
一七四六年 發表《平凡的真理》，組建費城的國民自衛隊。
一七四七年 透過各種電學實驗，在電學理論上作出重大突破。
一七四八年 當選為賓夕法尼亞州議會議員。
一七四九年 創辦費拉德爾菲亞學院。
一七五一年 幫助創辦費城醫院。
一七五二年 在雷雨天氣做電風箏試驗，發明避雷針。
一七五三年 因電學研究成果獲英國皇家學會的科普利金質獎，被推舉為皇家學會

（三）印刷工富蘭克林

會員；被耶魯大學、哈佛大學授予碩士學位。

一七五四年　作為賓州代表出席在奧爾巴尼召開的殖民地代表會議，提出著名的「奧爾巴尼聯盟計劃」。

一七五五年　任費城國民自衛軍指揮官。

一七五七年　作為賓夕法尼亞州議會代表赴英請願，反對業主在殖民地的免稅特權。

一七五九年　被安德魯大學授予榮譽博士學位。

一七六零年　透過努力使英國王室樞密院決定，殖民地業主的產業必須同樣納稅。

一七六二年　被牛津大學授予民法博士學位，同年返回費城。

一七六三年　巡視北部殖民地郵政，開始改革郵政。

一七六四在　作為賓夕法尼亞州議會代理人赴英請願，反對業主劣政。

一七六六年　在英國下院為廢止印花稅事答辯，促進了印花稅法案的廢除。

一七六七年　初次旅法，受到法王接見；受命再任賓州議會代理人；開始籌劃實現美洲殖民地西部領土計劃。

第二十章　老當益壯

一七六八年 擔任喬治亞州議會代理人。

一七六九年 擔任紐澤西州議會代理人，再次訪法。

一七七零年 擔任麻薩諸塞州議會代理人。

一七七二年 當選法蘭西皇家科學院「外國會員」。

一七七三年 發表《普魯士國王赦令》等文章。

一七七四年 「哈金森信札」事發，被解除北美郵政總代理之職，開始與英國政要共同作調和英美矛盾的努力。妻子德寶拉逝世。

一七七五年 返回費城，當選為北美殖民地第二次大陸會議代表；擔任賓州治安委員會委員；起草賓州憲法。

一七七六年 參加起草《獨立宣言》，宣言透過後，任美利堅合眾國郵政總長；當選賓州制憲委員會主席；奉大陸會議派遣出使法國。

一七七八年 締結《美法友好通商條約》和《美法同盟條約》。

一七七九年 受命任駐法全權大使。

一七八一年 成為波士頓的「美洲科學藝術學會」會員。

（三）印刷工富蘭克林

一七八三年　英美締結《巴黎和約》，英國正式承認北美十三州獨立。

一七八五年　返回美國，當選賓州州長（一七八五到一七八七年三年連任），發明高架取書器，重續自傳。

一七八七年　參加聯邦憲法會議，促成憲法透過。

一七八八年　退出政治生活，立遺囑，繼續完成自傳。

一七九零年四月十七日　班傑明．富蘭克林在費城病逝，享年八十四歲。

電子書購買

國家圖書館出版品預行編目資料

除了美鈔，你該知道的富蘭克林：印刷工、科學家、外交官、政治家……只有你想不到，沒有他做不到！/ 潘于真著 . -- 第一版 . -- 臺北市：崧燁文化事業有限公司，2022.01

面； 公分

POD 版

ISBN 978-986-516-993-0(平裝)

1.CST: 富蘭克林 (Franklin, Benjamin, 1706-1790) 2.CST: 傳記 3.CST: 美國

785.28 110021362

除了美鈔，你該知道的富蘭克林：印刷工、科學家、外交官、政治家……只有你想不到，沒有他做不到！

臉書

作　　者：潘于真
發 行 人：黃振庭
出 版 者：崧燁文化事業有限公司
發 行 者：崧燁文化事業有限公司
E-mail：sonbookservice@gmail.com
粉 絲 頁：https://www.facebook.com/sonbookss/
網　　址：https://sonbook.net/
地　　址：台北市中正區重慶南路一段六十一號八樓 815 室
Rm. 815, 8F., No.61, Sec. 1, Chongqing S. Rd., Zhongzheng Dist., Taipei City 100, Taiwan
電　　話：(02)2370-3310　　傳　　真：(02) 2388-1990
印　　刷：京峯彩色印刷有限公司（京峰數位）

定　　價：375 元
發行日期：2022 年 01 月第一版
◎本書以 POD 印製